蒐《あつ》める人

情熱と執着のゆくえ

南陀楼綾繁

Nandarou Ayashige

皓星社

蒐《あつ》める人——情熱と執着のゆくえ

はじめに

昨年秋に『編む人』（ビレッジプレス）という本を出した。雑誌や書籍などの出版を通じて、「場」をつくった九人へのインタビューだ。本書は、いわばその姉妹編である。

若い頃から「書痴」として知られた斎藤昌三に兄事し、国立国会図書館の最初の館員として戦後の書誌学を推進した稲村徹元さん。

江戸川乱歩がこの世に一冊だけ残した自分史記録『貼雑年譜』の完全復刻という、夢と狂気の出版を実現させた東京創元社の戸川安宣さんと、原本の解体と修復を担当した花谷敦子さん。

私がはじめて南陀楼綾繁のペンネームで連載を持った『日曜研究家』発行人の串間努さんは、いまもひたすら調べる日々を送っている。

河内紀さんは、雑本との付き合いを通じて、「何者にもならぬ法」を実践してきた結果、「何者にも似ない人」になった。

当時八十八歳だった古本界の重鎮・八木福次郎さんに、長時間にわたり話を聞けたのは至福の体験だった。八木さんと孫のような若手の古本屋さんが語り合っている様子を思い出すと、なんだか笑みがこぼれる。

いずれも、本を集め、本を調べ、そこで得たことを記録してきた人たちである。「本が好き」

という段階はとっくに通り越して、愛憎入り交じった本との因縁を引きずって生きている人たちである。

世間の評価を気にせず、我が道を進むこういった人たちに、私は若い頃から憧れを抱いてきた。しかし、何事も中途半端な私には、彼らの後に続くことは無理そうだ。

私にできることは、憧れだった人たちに会って、話を聞き、彼らの凄さをインタビューというかたちで記録に残すことだった。

収録した時期は十五年も前だ。当時の私のまとめかたがまずかったり、確認しきれなかったりしたこともあるはずだ。しかし、あえて手を加えなかった。本文中に「最近」とあるのは、収録時を基準としてのことだ。書籍化するにあたり、話者に近況を書いていただいた。

古書日月堂の佐藤真砂さんのインタビューは、今回新たに収録した。古書業界に新風を巻き込んだ佐藤さんが、本をめぐる現状をどのようにとらえているかが伝わる内容になったと思う。

締めくくりとして、都築響一さんと対談させてもらった。都築さんの多面的な仕事を尊敬する者として、本について、人の話を聞くことについての考えを知りたかったからだ。

〈蒐める人〉は、自由で、なにものにも縛られていない。彼らの話を聞いて、私は勇気づけられるとともに、自分はどうすべきかを考えさせられた。本書を読む人にとっても、そうであってほしいと願う。

目次

装幀　小沼宏之
イラスト　金井真紀

本は世間に還元するもの

二〇〇二年三月三日
聞き手　南陀楼綾繁・松本八郎

稲《いな》村《むら》徹《てつ》元《げん》

1928年宮城県仙台市生まれ。翌29年に叔父・稲村坦元の養子となり、埼玉県浦和市で育つ。駒澤大学在学中の46年から書物展望社に通い、斎藤昌三を中心とする「火金会」の面々と交流をもった。48年に国立国会図書館入館、司書として90年まで勤務。『明治大正昭和前期　雑誌記事索引集成』『明治世相編年辞典』『近代作家追悼文集成』『図書館学関係文献目録集成 戦後編』など、書誌学関係の編著書多数。

稲村徹元さんは、一九二八年（昭和三）生。終戦後、開館したばかりの国立国会図書館に就職し、四十二年間を同館の司書として過ごされた。著書『索引の話』のほか、『明治大正昭和前期　雑誌記事索引集成』、『明治世相編年辞典』、『近代作家追悼文集成』などの編書も多い。最近では、『図書館学関係文献目録集成——戦後編』全四巻（金沢文圃閣）が完成した。書誌学の方面ではそのお名前はよく知られているが、ご自分のことについて書かれた文章は意外なほど少ない。今回は、斎藤昌三をはじめとする多くの愛書家との交流を中心に、六十年にわたる読書遍歴のほんの一部をうかがった。

図書館が遊び場だった

——お生まれは仙台となっていますが。

稲村　たしかに仙台で生まれたのですが、生母が死去したので、昭和四年（一九二九）に生父の末弟である稲村坦元《たんげん》の養子となりました。父（坦元）は、曹洞宗の僧侶で、学生時代から鷲尾順敬に師事して仏教史を研究していました。東京府で史跡保存調査の嘱託としていまでいう文化財保護にかかわっていましたが、埼玉県から招かれて、昭和三年から県史編纂主事となったんです。そのため、住居を浦和に移し、その後もずっと浦和で暮らし昭和六十三年に死にました。私もここで育ち、数年市外へ出たほかはここに住んでいます。

――いただいた資料によると、お父様の関係で、子供のときからいろんな人たちと付き合いがあったようですね。

稲村 父は、考古学の森本六爾（松本清張が「断碑」で小説化している）や柴田常恵（樋口恵子さんの父）、江戸研究の三田村鳶魚、趣味家の磯ヶ谷紫江などと付き合いがありました。で、考古学協会とか掃苔会の集まりがあると、僕を連れて行くんです。だから、森銑三さんは子供の頃から知っていて、戦後もずっとお会いしていました。

一人っ子だから連れて行ったということもあるんでしょうが、いま考えると、あれは一種のカモフラージュなんですね（笑）。子供をダシにして、いろんなところに出かけていったんです。

そういう会合に行くと、父はわりと中心的な存在で、皆が「先生、先生」と集まってくる。それを見ていて、いろんな人の名前を覚えました。どの人が、子供と仲良くしてくれるとかね。大きくなってからは、親父の本棚にあったそれらの人の本を垣間見て、かなり役に立ちました。

――では、家には本がたくさんあったんですね。

稲村　もう全部本で埋まっていたという感じでね。よその家のことをあまり知らなかったので、書物がない家庭というのを想像できなかった。じつはそれで失敗したことがあるんです。僕は見合い結婚でしたが、家内の家にはじめて行ったときに、本があまりにも少ないことにびっくりしました。あるのは新聞と週刊誌……あとは将棋の指し方なんて本がちょこっと置いてあるぐらいでね。もうなんかイヤになっちゃってね。でも、まあ結婚しちゃったんですけどね（笑）。のちに家内に云われましたよ。「あなたが家に来ると新聞ばっかし見てるから、あの人は少しおかしいんじゃないかと云われた」って。家内の姉には「よせ、よせ」って云われたそうです（笑）。
それと、さっき云いましたように、親父が県史の仕事をしていましたからね、浦和の埼玉県立図書館に仕事場があったんです。だから、いつでも自由に入れました。また、その頃は、母がお花を教えていて、忙しかったもんだから、いつも図書館に入りびたっていました。あの図書館には児童室があって、そこで多くの本を読みました。まあ、図書館が遊び場であり、学校でもありましたね。

斎藤昌三との出会い

稲村　昭和十六年（一九四一）に小学校を卒業してから、東京の世田谷中学に入ったんですが、一年ちょっとの下宿生活で、神保町や本郷の古本屋に通いはじめました。また、池袋では貸本屋を使うことを知りました。

昭和十八年（一九四三）、中学三年生のときですが、僕の進路を決めた二冊の本との出会いがあったんです。その年の夏、はじめて生地の仙台に行って生母の墓参りをしたが、従兄弟（ほんとは兄ですけれども）にもあまり親しめず、退屈して、一番町の新刊書店に行ったんです。そこで平積みになっていたのが、田中菊雄『現代読書法』（柁谷書院、一九四二）です。この時期に増刷されたようで、僕が手に入れたのは、昭和十八年五月の第五版でした。これが、昭和六十二年に講談社学術文庫に入ったときに、僕は「読書参考文献抄」の改訂を担当しました。

——もう一冊は何だったんですか？

稲村　改造文庫で出た内田魯庵『魯庵随筆集』上巻（一九四一）ですよ。魯庵なんてよく知らなかったんだけど、中をパラパラめくってみたら、「紙魚の自伝」っていう文章があって、「紙魚」という言葉は知ってたんですね。この本は、斎藤昌三と柳田泉が編集した魯庵の書物随筆のエッセンスなんですが、読み出してみるとたちまち面白い。『吾輩は猫である』に通じるようなユーモアがあって。

それが書物とか読書についての本との最初の出会いでしたね。で、この二冊を買って読みました。すると、両方とも終わりのほうで、本のことを知る文献ということで『書物展望』という雑誌を挙げている。『魯庵随筆集』の内田巖さんのあとがきには、「『書物展望』の斎藤さんには世話になった」というようなことが書いてある。それで、この斎藤という人なら本についての情報を教えてくれそうだということが、なんとなくわかった。

それで、昭和十九年（一九四四）になって、斎藤さんに手紙を出したんです。しばらくなんとも云ってこなかったんですが、二十年（一九四五）三月にお返事をもらいました。会員版『書物展望』というのを出しているから、それを読みなさいと送ってくれたんです。それで会員になりましたよ。

――会員版というのは？

稲村　つまりね、戦争末期に、用紙統制で、いろんな雑誌が合併したり廃刊したんです。『書物展望』も昭和十九年五月号で「自沈」すると云って、休刊しました。その号

の「新富町便り」欄で、「只当事者に本誌を残す雅量のなかったことを惜しむ許りだ。決して泣事ではない」と書いています。戦争中にこんなことよく書けたと思うけど。

ただ、紙はストックされていた和紙がまだあったんですね。それで、「五月号を以て休刊を発表したところ、どんな紙でも残りが在る限りは、直接会員内だけでも是非続けよ」という声を受けて、会員制で続けた。会員は二百人ぐらいいたみたいですね。名簿が載ってますよ。

この会員版の第三号というのは、おも四郎「文献随筆雑誌散策」だけで一冊が埋まっている。趣味的な雑誌のことばかり書いている文章です。紙があるうちにと、手持ちの原稿を全部載せてしまったんでしょうね。

――斎藤さんに実際にお会いになったのはいつですか?

稲村　終戦翌年の昭和二十一年の十二月です。僕は当時、駒澤大学専門部の歴史学科にいました。「まあ、いらっしゃい」ということで、茅ヶ崎のお宅にうかがいました。文通だけだったでしょう、だから僕の若いのに驚かれたみたいです。「もっと年配の人だと思った」って。ませてたんだね、結局(笑)。

新富町通い

稲村　それで、昭和二十一年から新富町にあった書物展望社に通うようになりました。新富町三の七にあった相馬ビルの二階でした。この建物は、東京オリンピックの頃までは残っていたんですがね。戦後よくあったことですが、元社員とかいう人の一家がここに住んでいたりしてね。まるで普通の家みたいな感じでした。

斎藤さんはそこへ火曜と金曜に来るんで、自然と「火金会」と称するものができて、そこにいろんな人が集まった。これは昭和二十八年だかに、『書物展望』の後継誌といえる『書痴往来』に載った酒井徳男（水曜荘主人）の「『火金会』の気分」という文章です。

――火金会のメンバーがマンガで紹介されていますね。この中の内藤政勝は『当世豆本の話』『日本好色燐票史』など、斎藤さんの本を多く装丁・発行した青園荘ですね。高橋邦太郎、岩佐東一郎も愛書家として有名です。広瀬千香はのちに『山中共古ノート』を出しますね。牛田鶏村というのは？

稲村　たしか日本画家だったと思います。馬淵量司は古典の軟文献を出版していた（一

酒井徳男「『火金会』の気分」（1953年1月「書痴往来」）

九五一年、美和書院を創立)。東秀二は大森のお医者さんで、創元選書の昔のシリーズを全部集めるというような、お金持ちのコレクターでした。高木蒼梧は朝日新聞とかで、俳諧研究家でもあった。『俳諧人名辞典』という労作がありますよ。

この絵は、いろんな時期に集まった人を全部出したんでしょうね。常連でもここに出ていない人もいます。実際には、これだけの人がいっぺんに集まったことはないと思います。

この会のあと、斎藤さんは東京駅か新橋駅まで歩いて帰るんです。横須賀線で座って帰りたいときは東京駅、飲んでから帰るときは新橋駅だったみたいですが。僕は東京駅までよく一緒に帰ってね、歩きながら新旧の書物や愛書家についての話を色々と、聞いたものです。そういう耳学問があとでとても役に立ちました。斎藤さんが亡くなったときに、そのことを「歩きながらの書痴学講義」という題で追悼号に書きましたけどね。(『日本古書通信』一九六二年二月号)。

——火金会グループでは、稲村さんは最年少ですよね?

稲村 そうです。まだ大学生でしたから。大学のあった駒沢は、いまはたいへん便利になっていますが、当時は玉電という路面電車でしたし、浦和から通うのも新富町に行くのもけっこう時間がかかったんです。で、大学からまっすぐ帰らずにしょっ

ちゅう新富町に行っていたもんだから、書物展望社で社員名義の証明書を発行してくれた（笑）。これを持っていくと、通勤定期が買えるんです。それで渋谷―新橋間の定期を買って、通学定期とあわせて「三角定期」として使っていました。ただ、帰りに新橋から浦和へ乗るときだけは、キセルでしたね（笑）。

　もう大学へ行ってるよりも、書物展望社に行ってる方が多い。母に「お前、帰ってくる時間を見ると、どうも大学の帰りじゃないね」なんて云われちゃってね（笑）。ともかく、そういうかたちで、昭和二十三年に復刊した『書物展望』の校正などを手伝ったりしていました。まあ、先方も、若いから重宝してたんでしょう。

――社員はその当時何人ぐらい？

稲村　いないですよ。社員なんか。斎藤さんが週二回出てくるだけでね。経済的に人が雇える状態じゃなかったみたいですね。

稲村　斎藤さんの回顧録的な本に、僕のことが出てきます。自分の交友関係を書いた本で、『斎藤省三著作集』（八潮書房）第五巻にも入っている……。

「割愛するよ」

――『少雨荘交遊録』（梅田書房、一九四八）ですね。稲村坦元氏の項に、「月々の展書会に誰の紹介で来始めたのか、今国会図書館に奉職している徹元青年と親しくなって、その縁で父君とも亦親しく往復してゐる」とあります。

稲村 そういえば、一度だけ、浦和へ来て泊まられた時でした。両親の前で斎藤さんに叱られたことがありました。僕は古書展などに顔を出すようになって、珍しい本を見ると、なんとかして手に入れたくなるわけです。それで、金もないのに無理してしまうんです。だから、斎藤さんに「もうよせ。学生で親に金をもらっているんだから」って、こんこんと諭されました。

――親の前で古本蒐集を叱られるとは、バツが悪いですね（笑）。

稲村 斎藤さんは中学校を出て、貿易会社にいたりしたから、いい意味の商人なんです。つまり、斎藤さんの行為をたんに善意の本好きから出たものだと思いこんで、気がつかないでいると、馬鹿だなということで見放されるんですね。はっきりした見返りをどうこうというわけじゃないんですが。

たとえば、僕で云えば、斎藤さんに『松山に於ける子規と漱石』という本を貰ったことがある。のちに、結婚したときは、祝いに好きな本を上げると云われたので、高木文『好書雑載』の私家版をいただいた。そういうときには、お金を取らない。

「先生、いいんですか?」「うん、割愛するよ」。それがお得意の言葉でした。常連で斎藤さんのそんな性格をよく知っている人は、「先生いいんですか?」って、いろんな本をねだっていた。

だけど、そういうことがあったら、その年の暮れにはお酒を一本持っていくとか、そういうかたちでお礼をしておかないと、二年ぐらいたってから「○○君、ありゃダメだ。礼儀知らずで」と、はっきり切り捨てられる。そういうところはありました。だから僕も茅ヶ崎へ行くときは、お酒一本持って行きましたよ(笑)。

怪人・森山太郎

――さきほどの火金会のマンガには、「芋小屋山房」を主宰した森山太郎の名前も見えますね? これは紀田順一郎さんの推理小説『われ巷にて殺されん』(双葉社、一九八三。のち「夜の蔵書家」と改題、創元推理文庫『古本屋探偵の事件簿』に収録、一九九一)のモデルとも云われる、なんだか謎めいた人物ですが……。

稲村 森山太郎を斎藤さんに引き合わせたのは、僕なんです。だから、のちのちまで冗談まじりに「君の責任だぞ」と云われましたよ。

この人と僕が会ったのは、昭和二十一年です。浦和の古本屋で書物展望社の内田魯庵『紙魚繁昌記』普及版を見つけ、取り置いてもらったら、店に来ている「チンさん」が買って行ったと云うんです。なんで「チンさん」かと云えば、顔のかたちが昭和天皇に似てるのと、中国語ができるからです。中国で憲兵をやってたという話もある。それが出会いでした。

森山は昭和二十二年から「稀覯文献研究会」の名で、『あなをかし』『末摘花』などの復刻をやっています。『稀書』という雑誌も出してました。彼は大宮の片柳というところにいて、自転車でよく私の家にも遊びに来ました。彼は御徒町の製本屋の息子だって云ってました。僕の母も御徒町の辺ですが、「あの人の云ってること、おかしいよ」と云うんです。彼の話と年齢がどうも矛盾していると。だから、気をつけたほうがいいなんて云われました。

――そういうふうに韜晦しなきゃいけない事情があったんですかねえ。

稲村 きっと、なにかあったんでしょうね。戦後の混乱期ですからね。昭和二十二年頃には、神保町で古本屋もやってたんです。「愛書洞」っていう名前で。僕も店番のバイトに行ったことがあるけど、売れなくてね。それに、開店早々岩波の哲学辞典かなんかをパクられた(笑)。

紀田さんの作品で、「森田」という怪人物が、国会図書館では柳田國男『山島民譚集』の分類カードが中華民国山東省の部門に紛れている、という個所があるけれど、あれとほとんど同じ文章が、「芋小屋だより」というチラシに出てくるんです。

――へえー。ほんとにこういう文章を書いていたんですね。

稲村 あれは僕が国会図書館に入りたての頃に見つけて、「なんでこんなところに柳田さんの本があるのかな」と面白がった。それを森山にしゃべったのを、彼が書いたんですね。紀田さんに材料を提供したのも僕です。でも、読み直してみたら、元版では昭和二十二年となっていて、具合が悪い。国会図書館は二十三年開館なんだから、これは矛盾しているんです。あとの版では直ってますが。

「おめかけ版」とニセ札事件

――芋小屋山房については、別冊太陽『発禁本2　地下本の世界』（平凡社）などでも紹介されています。

稲村 芋小屋山房の私家版は会員制で、火金会のメンバーなどに参加を呼びかけていました。僕はあるとき払いで、まともにお金を払ったことはないんだけれども、「百番本がいいな」と云ったら百番を送ってくれました。ただし、チラシには「おついでの節金〇〇円也お払込下さい」と書いてある。

森山が出した本でいちばん世間に知られ、同時に警察に目をつけられる原因ともなったのが、宇佐美不喚洞の『女礼讃』です。不喚洞は東武鉄道の重役で、斎藤さんの昔の飲み仲間なんですが、昭和十四年（一九三九）に自殺しちゃうんです。『女礼讃』は、女体について隅から隅まで語った本で、『稀覯文献研究会報告』の第二冊として、二十二年に出したあと、二十三年には桃色の腰巻で装丁し陰毛を植えた私家版を出し、二十八年にはズロースをはかせた「二号（おめかけ）版」を出しました。森山は金集めの手段として、こういう本を出したんだけど、この「二号版」が引っかかって、警察に呼ばれたんです。

あとになって、大阪の紳商の駒井清次郎さんが『日本の限定版』（一九五二）を出したときに、『女礼讃』の「二号版」の図版を入れたんです。そうしたら、新村出さんがカンカンに怒って、「あんな汚らしいものを出すために本を出したのか」って面罵したそうで、それで慌てて回収してその図版を剥がしたんですが、何部か無削除版が出回ったということでした。

斎藤さんも芋小屋山房から『随筆　新富町多与里』（一九五〇）を出しています。

紙型を表紙にし、本文は和紙を綴じた、胡蝶装と云われる装丁です。また、森山さんは昭和三十三年には式場隆三郎の『二笑亭綺譚』を豆本で出してますね。

――偽札事件にかかわったと云われていますね？

稲村 昭和三十四、五年頃ですか。千円札の偽札が出回って、二年ぐらい続いたでしょうか。そのときに森山がかかわっているという噂が流れた。あれは、酒井徳男さんが東京新聞の記者だったから、そのあたりが情報源じゃないかと思うんです。酒井さんは森山と犬猿の仲だったから。僕のところにも、森山のことを聞きに来た人がいましたね。

森山と最後に会ったのは、『郷土玩具』（平凡社）の出版記念会のときでした。斎藤さんのコネで、新橋の駅に入っていたレストランをつかい、三十人ぐらいの本好きの仲間が集まった。三十三、四年だったかなあ。宮尾しげをさんなんか「なんであいつの出版記念会なんかやるんだ」と云いながら、律儀に祝電を寄こしたりしてね。森山はその後、失踪するんです。僕よりもちょっと上だったから、生きていれば八十歳ちかくになるのかなあ。

国会図書館へ

――国会図書館は開館した年に入られたんですか？

稲村　そうです。昭和二十三年です。第一期生ということですね。入った頃は、職員がたしか百五十人ぐらいだったと思います。最初は元赤坂離宮のところにあったんですよ。江崎誠致が『離宮流』（講談社、一九六〇）という小説でその頃の国会図書館を描いています。その後、上野にあった旧国立図書館の蔵書を加え、昭和三十六年に現在の永田町に移転してきたんです。

――同僚に作家の渋川驍さんがいらしたんですね。

稲村　本名は山崎武雄さんです。山崎さんは戦時中、東大図書館に勤めながら小説を書いておられた。それで戦後は国会図書館に入って、整理部門の課長になられた。山崎さんは図書館での仕事は非常に緻密で、有名だし、けっこう厳しい人でした。

ただ、僕は森鷗外が好きだったんで、いつか鷗外のことを訊ねたら、すっかり相好を崩してね。それで付き合うようになった。作家というのはこういうもんかな、と思ったのは、僕が書物関係の雑誌などに書いたものを見て、根掘り葉掘り聞いてくるんです。「山崎さん、そういうのは小説を書くときに役に立つんですか？」って聞いたら、「僕は丹羽（文雄）君みたいに取材がうまくないけどね、人の話をたくさん聞いて小説の題材をつかまえたいんだよ。題材さえつかまえられれば、書くことは書けるんだけど」と答えてくれました。そういうもんかなあ、と思いましたね。

渋川さんよりもっとあとですが、阿刀田高さんが国会図書館にいた話は有名です。作家になったから図書館員としては適当に過ごしてたかというと、まったく逆で、非常に有能な図書館員でテキパキと仕事をこなしていたと聞いてます。僕は直接付き合いがないんですが、同僚がよく云っていました。

国会図書館に入った頃、僕は『書物展望』にかかわったのがきっかけで、明治文化研究会に入って、木村毅さんや柳田泉さんと知り合うようになりました。斎藤さんはこの時期はちょっと嫌がっていたんですけれど、僕が頼んで明治文化研究会で話をしてもらったことがあります。

まあ、その頃の明治新聞雑誌文庫には、宮武外骨さんをはじめ父の知り合いだった人がいて、池田文痴菴なんかも出入りしていましたから、僕も使いやすかったですね。後年、西田長寿さんの頃には、紹介状が必要だったりしてけっこう面倒くさかったみたいですが。

――稲村さんはすでに昭和二十二年に「最近の漱石研究文献考」という書誌を発表され、その後も夏目漱石にかんする調査を続けてらっしゃいましたね。

稲村 漱石をやりだしたのは、よくある口でね。僕たちは岩波の国語教科書を使ったから、そこに「草枕」が出てくるんですよ。それで、なんとなく肌に合ったりして。どちらかといえば、よく読んでいるのは鷗外のほうなんですが。でも、いまだに『漱石全集』はずっと持ってますね。

漱石文献の蒐集をはじめたとき、斎藤さんが「いまから初版本を集めても、岡野他家夫などにかないっこないだろう。でも、漱石の研究文献はまだ十分に調べつくされていない。どうせやるんだったら、地方で出ている漱石文献を集めたらいいんじゃないか」と云ってくれて、地方に行くたびに自分が見つけた文献を惜しげもなく渡してくれたんです。ほとんど知られていない私家版なんかが多かったですよ。それを「使いたまえ」と渡してくれる。この「使いたまえ」もよく云ってましたね(笑)。

「出版のあゆみ」展

稲村 僕は平成二年まで四十二年間、国会図書館に勤めたんですが、自分で「ああ、やったな」と思える仕事は、辞める前々年に「出版のあゆみ」という展示会に携わったことです。これは、国会図書館の創立四十周年の記念企画です。「百万塔陀羅尼からCD-ROMまで」というサブタイトルで、各時代を代表する出版物を展示しようということで、僕は近代を担当しました。

この展示では、国会図書館の所蔵本、寄託本（布川角左衛門さんの資料など）以外にも、外部から資料を借りて、展示の柱になる、きれいな美しい本を探して、ずいぶん古い頃からの本仲間にお願いしました。明治以降の分では、一番協力的だったのが、晩年の斎藤さんと親しかった峯村幸造さんでした。

——『書痴往来』の編集長だった人ですね。

稲村 連絡したら、「病気だけど会うよ」と云うから川崎の自宅まで行ったんです。企画を説明すると、「いいよ。応援するよ」とあっさり云ってくれました。峯村さんは、本のことでは家族に総スカンくらっていたみたいでね。「娘たちはダメだから、会社で本を知ってる社員に頼んで出させておくから、しばらくして見に来い」と云う。一週間ぐらいして行ったら、部屋の中に何十冊も貴重な美本が置いてある。そこから何冊か選んで、リストをつくってお借りしました。

その中での目玉は、泉鏡花『伊勢之巻』や徳田秋声『女教師』などが入った春陽堂の「五色文庫」（明治三十八）です。鏡花の本がそういうシリーズに入っていることは知られていたけど、現物はこれまで誰も見ていなかった。昭和初期に大阪の古本屋の目録には出たことがあるらしいんですが。これは本自体にはどこにも「五色文庫」とは書いてない。五冊の表紙の色が揃うと五色になっていることを、版元がキャッチフレーズとしたんです。展示がはじまってから、古本屋さんが何人かやってきて、この「五色文庫」だけをちょっと見せてくれと頼んできました。かなり珍しいものだったんです。

このときは、昭和天皇の御重態で大騒ぎでね。十一月の展覧会だから、九月末には印刷所に目録の原稿を渡さなければならないんですが、奥附に「昭和」と入れていいのか、ずいぶん悩みましたよ。その展覧会が終わって翌々年に、僕は国会図書館を辞めたんです。

『本の周辺』のこと

――昭和四十九年には、『本の周辺』という同人誌の創刊にかかわっていらっしゃいますね。

稲村　あれは、神奈川大学図書館の大久保久雄さんと付き合いがありまして、大久保さん、私、矢作勝美さん、伊藤元雄さん（この方は途中で止めてしまいました）で創刊したものです。『本の周辺』という誌名は、布川角左衛門さんのネーミングでね。僕はこの「〇〇の周辺」という言葉がすっかり気に入っちゃってよく使うんですよ。

この雑誌では、同人のほか、ジャーナリズム史の福島鋳郎（のち同人）、香内信子、清水一嘉、深井人詩、弥吉光長といった人々が論文を載せ、毎号出版史にかかわる文献復刻を載せました。

――発行所は何回か変わってますね。

稲村　最初は神保町の沙羅書房という古本屋さんに発売元になってもらってたんですが、さっぱり売れない。こういう不定期の雑誌は、まず図書館の選書の対象にならないんです。だから継続して買ってくれるところがほとんどなかった。

それで、途中から新生社が発行元になった。ここは終戦後に「新生」という雑誌を創刊し、高い原稿料で大家の作品を集めたことで有名でしたね。その後、食べ物の雑誌なんかを出していたんですが、福島鋳郎さんたちが『回想の新生　ある戦後雑誌の軌跡』（一九七三）という本をつくったのがきっかけになって、社長の青山虎之助さんが『本の周辺』のスポンサーになるんです。

青山さんという人は面白い人で、「新生」の復刻についても、「そんなもの出す意味がない」って云っていました。「新生は古本になってからのほうが売れた」なんて（笑）。『本の周辺』では十四号から、青山さんの「作家との思い出」という連載がはじまります。それ自体は、戦後の文壇史の証言として非常に面白いんですが、なにしろ雑誌の半分ぐらいがそれで埋まってしまうんだから。それで、昭和五十七年九月の二十三号で休刊となりました。

「勝田三蛮」由来

――稲村さんは時折、「勝田三蛮《かったさんばん》」というペンネームをお使いですが、これはどこから出たんですか？

稲村　これはまあ、たとえば国会図書館が出す本を紹介するときに、『図書館雑誌』では本名で書いて、一と月ぐらいあとの『日本古書通信』ではペンネームに変えて書くというような使い分けですね。でも、のちに日外アソシエーツが『現代日本執筆者大事典』を出したときに、ペンネームのほうも載せられてしまった。それじゃなんにもならない（笑）。

「勝田三蛮」の由来はね。図書館員なら、すぐわかるかもしれないけど。アメリカの図書館学者で、チャールズ・A・カッターという人がいて、「カッターの目録規則」や「カッターの分類」といって有名です。それから、カッターと組んで仕事をしたK・サンボーンという女性がいるんです。

僕が国会図書館へ入った頃は、アメリカの図書館で本の配架法というと、この二人がセットになっていて、「カッター＝サンボーンのオーサー・テーブル」（著者記号表）というふうに使われていた。だから、それをもじって「勝田三蛮」（笑）。

――な、なるほど（笑）。まったく想像もつかない由来だったんですね！

稲村 最近は使っていないんだから、あんまり書かないでくださいよ（笑）。

――ところで、稲村さんは趣味雑誌にも原稿をお書きですね。これは『蒐集時代』四号（一九四九）の「趣味蒐集の十年」というものです。

稲村 あ、これは覚えています。発行人は旅の趣味社の伊藤喜久男さんですが、父と付き合いが長かったらしい。何部ぐらい出たんですかね？

――謄写版刷りですから、部数はたぶん十数部でしょう。この四号で終わりだと思うんですが。それと、この『ガラクタ時代』四号（一九五七）にもお書きになってますよ。

稲村 先日も手紙で申し上げたけど、それはあなたの勘違いだと思うんですよ。この雑誌には書いてないはずです。

――あの、でも、ここに「がらくた蒐集の一齣」というのが載ってますよ。末尾に「筆者は国会図書館員にして水曜荘の呑み友達」って（笑）。

稲村 あっ！ ホントだ。でもこの雑誌を知らないのはたしかなんだけど。いつの間に載ったのかなあ。参ったねえ（笑）。

――発行は和歌山の孔芸荘・風神美代治。編集には水曜荘（酒井徳男）がかかわっているみたいですね。ガリ版の多色印刷です。

稲村 これは僕、ほんとうに知らない。うーん……。でも、これは僕の文章だなあ。こういうことってあるんですよ。

昭和五十年代だったと思うけど、斎藤さんのところで知っていた人が、荻窪の方で、古本屋さんに勤めていたんですが、その人が古書市場のガラクタの中から古葉書を見つけて来て、僕にくれたんです。僕が子供のときに、鈴木信太郎という洋画家が雑誌で投稿の「コマ絵」の選評をしていたんですが、その欄に僕の名前が載った時なんです。佳作だから作品は載せてないんだけれど、「なかなか着想がいいのが、稲村徹元（浦和）」って書いてあった（笑）。おぼろげだけど、面白半分で鈴木信太郎が好みそうなカットを描いて送った記憶がある。そんな古いものがしっかり残っているんです。

——こうしてみると、いろんなコレクターともお付き合いがあったようですが、稲村さん自身はなにか蒐めていたものがあるんですか？

稲村　本以外には、まずペーパーナイフ。それと本のかたちや、本を扱ったグッズですね。たとえば、ミュンヘン美術館で買った聖書を抱えた司祭の絵葉書とか、上海で買ったお経を読む小僧さんの焼きもの（陶器人形）とか。やっぱり本に関係するものになっちゃうなあ（笑）。でも、本は手元に置きたい数十冊以外は、だんだん処分していってますね。斎藤さんじゃないけど、やはり本は世間に還元するものですよ。

——長時間、興味深いお話をどうもありがとうございました。

稲村　あなた方、浦和の古本屋さんはご存知ですか。駅前にあった「弘文堂書店」が最近閉店してしまってね。僕が面白いと思うのは、「利根川書店」という店だけになってしまったんです（『紙魚の手帳』七号〈二〇〇〇年十月〉に田中栞さんが紹介している）。よかったら、一緒にちょっと寄っていきましょうか。

［さいたま市の喫茶店にて／初出『ｓｕｍｕｓ』九号、二〇〇二年五月］

江戸川乱歩『貼雑年譜《はりまぜねんぷ》』ができるまで

二〇〇二年三月三日
聞き手　南陀楼綾繁・扉野良人

戸川安宣《とがわやすのぶ》

1947年長野県生まれ、東京都荒川区育ち。立教大学文学部在学中、平井隆太郎を顧問としてミステリクラブを創立。70年に東京創元社に入社し、要職を歴任しつつ「創元推理文庫」「バルザック全集」「日本探偵小説全集」そして「貼雑年譜」完全復刻などの企画、編集に関わる。2004年、第四回本格ミステリ大賞特別賞受賞。著書に『ぼくのミステリ・クロニクル』（空犬太郎編、国書刊行会）がある。

花《はな》谷《や》敦《あつ》子《こ》

1966年生まれ、乱歩さんは高校の大先輩。1990年多摩美術大学絵画科油画専攻卒業、在学中より市区町村史編纂の民俗資料実測に携わり、後に図書館資料の保存修復業者に就職。1999年に（有）紙資料修復工房を設立。文学・建築・美術・音楽・研究資料など分野を問わず手稿（ドキュメント）の保存修復処置を行っている。

二〇〇〇年冬、東京創元社は翌年に江戸川乱歩の『貼雑年譜《はりまぜねんぷ》』完全復刻版・二分冊を刊行すると発表した。完全予約制で限定二百部、本体価格三十万円、分売・分割も不可という、とんでもなく高価でレアなシロモノである。パンフレットを取り寄せてみると、翌年三月ごろから「出来次第」出荷し、二百部に達した時点で生産を終えるとあった。コレを逃すと、もう二度と手に入らない。しかし、三十万なんて……。「欲しい欲しい」とワメいていたら、哀れに思ったのか、知り合いの某新刊書店が分割での支払いでイイですよと云ってくれた。僕はもちろんその申し出に飛びつき、三月五日に現物が届いた。僕のナンバーは「十九」だった。

僕は乱歩の本は人並みに読んできたが、熱狂的ファンというワケではない。それなのにどうして、こんなに高い本を買ったかと云えば『貼雑年譜』が乱歩の手づくりになる貼込帖（スクラップブック）である、という一点に尽きる。

『貼雑年譜』とは、「わが国推理小説界の巨星・江戸川乱歩が、第二次大戦の最中、執筆の注文が途絶えたのを機にそれまでスクラップしていた新聞記事や手紙などを整理し、それに自筆で解説を施し、あるいは新たな図版を付け、丁寧に製本までして拵え上げた偉大な自分史の記録」（復刻版解説）である。自分マニアである乱歩が丹念に蒐集し、貼り込んだというだけで、貼込帖好きのココロが揺さぶられた。

だいたい、天下一本の貼込帖を少部数とはいえ印刷物として公刊してしまうコトが、出版企画として稀有（というか奇妙）である。しかも、版元の東京創元社は、以前にも同書の復刻企画を発表しながら、結局実現しなかったという経緯がある（後述）。それなのに、限りなく現物に近いカタチでの復刻を実現してしまうなんて。

『貼雑年譜』復刻版は、原本をつくった乱歩と、六十年以上後にそれを復刻した版元という、二つの情熱が一緒になって、初めて実現した本なのだ。だとすれば、その企画を全部取り仕切った東京創元社取締役会長の戸川安宣さんにお話を伺うしかあるまい。われわれのインタビュー申し込みに戸川さんは快諾してくださり、『貼雑年譜』原本の解体や保存修復を担当した紙資料修復工房代表の花谷敦子さん（当時は脇敦子さん）の仕事場で、戸川さんと花谷さんにじっくりとお話を聞くことができた。

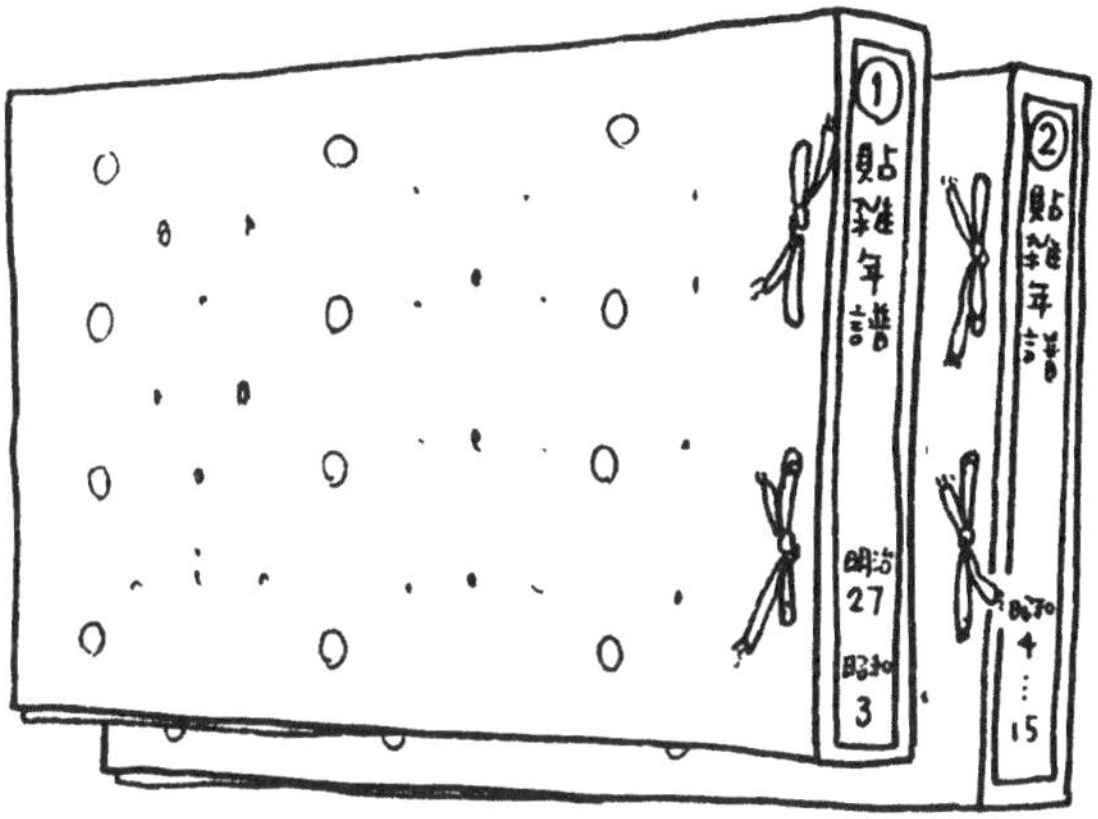

乱歩との因縁

「私は昔から自分に関する文献の蒐集癖をも持っている。アルバムに自分や家族、友人の写真を貼り付けておくのも一種の蒐集だが、私のそれが、あらゆる方面にわたっている。いやしくも自分に関するものなら何でも保存しておく。この趣味は作家以前の青年時代からきざしていたが、年とともにそれが昂じて来た。（略）人々はなぜ他人のものばかり集めて自分のものは顧みないのであろう。自分が一番可愛いのだから、自己蒐集こそ最も意味があるのではないか。自分のものを集めるには、自分こそ最適の立場にあり、最も正確を期することもできるわけである。自分のものはほうっておいて、他人の作った、学問的にも大して意味のないマッチのペーパーや料理屋の引き札なんか集めている人の気がしれない」

（乱歩「蒐集癖」）

——戸川さんは立教大学の出身ですね。立教の隣には乱歩邸がありますが、そういうことを意識しての入学だったんでしょうか？

戸川　いえ、中学、高校と立教で、そのまま立教大学に入っただけです。一九六六年でした。専攻は日本史で、山岳信仰を研究していました。母方の実家が、羽黒山で山伏をやっていたこともあり、中学生のときから夏は山に修行に行ってたんですよ（笑）。

大学に入ったときに、僕はミステリ研究会に入ろうと決めていたんです。でも、学生課に聞いたら、逆に「それは何をするところか？」と聞き返されました（笑）。当時、ミステリ研究会があったのは、慶応と早稲田です。僕は大学に入ってすぐに、早慶のミステリ研の人たちと知り合って、話をするようになったのですが、彼らに立教にはミステリ研がないと云ったら、「じゃあ、つくればいい」と云われた。それで、また学生課に行って、クラブをつくるのにはどうしたらいいのか尋ねたんです。部員が五人と、顧問の先生を一人決めて名簿を提出すれば、大学の登録団体として認めてくれるということでした。

部員は友達四人の名前を借りて済ませて、顧問の先生をどうしようかと思ったら、学生課の人が「ちょうどいい先生がいるよ」と教えてくれたんです。それが当時、社会学部の教授だった、乱歩さんのご子息の平井隆太郎先生でした。隆太郎さんは東大の法学部卒業で、瓦版（江戸期の木版印刷物）の研究で業績を残してらっしゃいます。隆太郎さんの息子の憲太郎君は、僕の立教中学・高校の後輩ですが、彼は乱歩の凝り性が隔世遺伝したかのような人です。SL好きが昂じて、廃車になった東武鉄道の機関車を貰い受けて高校の庭に置いたという逸話があります（笑）。いまは鉄道模型雑誌を出している出版社の編集長になっています。

それで、僕は昼休みに隆太郎さんの研究室にいきなり行って、「顧問になっていただけませんか？」とお願いしたんです。隆太郎さんの返事は「しょうがないでしょう」（笑）。その言葉、いまでも覚えていますね。そうやって「立教ミステリ・クラブ」ができて、隆太郎さんに会い、しょっちゅう乱歩邸に出入りするようになったんです。

――乱歩は前年（一九六五）の七月に亡くなっていますね。

戸川 ええ。僕は、中学校の二年か三年のときに乱歩さんにお会いしそこねているんです。僕の叔父が乱歩さんの行きつけの料亭で、乱歩さんに挨拶して、「甥っ子が大ファンです」という話をしたら、「ぜひ会いたい」と乱歩さんがおっしゃったそうです。叔父からその話を聞いて、びっくりしてしまいました。当時は作家に直接会うなんてことは夢にも思っていなかったですし、「とんでもない」と断ってしまったのです。立教中学は乱歩邸のすぐ隣にありましたから、会おうと思えばすぐに会えたはずですが、その頃はそんなことは知らなかった。後から考えれば惜しいことをしました。

叔父が乱歩さんにそのことを伝えたら、「じゃあ色紙を書いてあげよう」と、有名な「うつし世はゆめ　よるの夢こそまこと」という文句の色紙を書いてくださり、ちゃんと「戸川安宣君へ」と書いてくださった。その後、高校のときに乱歩さんが亡くなり、その翌年に隆太郎さんに会ったんです。何とも奇縁ですね。

『貼雑年譜』の衝撃

「私は日記が書きつづけられない性分だから、自分に関する記録は何でも収集しておくくせがあり、新聞、雑誌の切抜きなど丹念に保存して、その大部分は『貼雑帳』という大きなスクラップブック数冊に貼りつけてある。この回顧録は主として貼雑帳の資料によって書いた、というよりも、鋏と糊でそれらの資料を貼り合わせ、そのあいだあいだに、自分の文章を書き加えたというのが正しいであろう。記憶力の極度に弱い私は、こういう資料でもなければ、とても長い回顧録など書けなかったと思う。しかし、考えてみると、すべてその当時の記事によってしるすということの方法は、記事そのものの間違いは正し得ないにしても、筆者の記憶ちがいを防ぎ、できるだけ真実に近い記録を残すという意味では、大いに取柄があり、この形式の回顧録もまた一つの行き方ではないかと思うのである」

（乱歩『探偵小説四十年』自序、桃源社、一九五一年。引用は沖積舎、一九八九年刊の新装覆刻版に拠る）

――はじめて『貼雑年譜』を見たのはいつですか？

戸川　『探偵小説四十年』の序文に、「貼雑帳」として出ていますよね。だから、とにかくそういうものがあるんだなということは、かなり前から知っていました。

じっさいに現物を見たのは、大学の終わり頃か、卒業してからです。島崎博さんという台湾出身の方が、江戸川乱歩研究の本の企画を立てました。それは二巻構成で、一巻は戦前、戦後を通じての江戸川乱歩についてのエッセイや研究評論をまとめ、もう一巻は書き下ろしで、いろいろな人に書いてもらうという企画でした。その二巻目のほうに、僕に乱歩の少年物について書けと云うんです。たぶん島崎さんに会ったとき、『少年探偵団』を読んだことがミステリ好きになったきっかけだと話していたせいでしょう。

それで準備をはじめたんですが、資料が少ない。たとえば戦時下の乱歩は、それまで書いていたような小説が書けなくなり、小松龍之介という名義で、昭和十八年（一九四三）に「知恵の一太郎」という作品を書くんですが、それが載った『少年倶楽部』を持ってなかった。それで隆太郎さんに相談したら、「貸せないけど通って読むのならいい」とおっしゃってくださったので、乱歩邸へ日参して、応接間で資料を見せてもらいました。

その乱歩研究本は結局出なかったんですが、島崎さんはその後、一九七五年二月に『幻影城』という雑誌を創刊します。七六年に、その別冊として江戸川乱歩の特集号が出たときに、僕は乱歩の少年物についてまとまった原稿を書いています。

そうして乱歩邸の応接間にいたときに、隆太郎さんが「これ見たことあるかい？」と『貼雑年譜』を持ってきてくださったんです。全巻見せてもらったかどうかは、はっきりは覚えていません。

―― 当時、『貼雑年譜』を見ている人はどれぐらいいたのですか？

戸川 函の表書きには、「門外不出」とありますし、基本的に外には持ち出されてないと思います。江戸川乱歩展だとか「新青年」展とかで、貸し出されたことはあるようですが。

ただ、この貼雑帳は、明らかに他人に見られることを想定してつくられています。序文があるし、参考文書目録のはじめには、『探偵小説十年』や『探偵小説十五年』、他者の乱歩論などを『貼雑年譜』と「併セ見ルベシ」と書かれています。一冊目のポケットには、「出生ヨリ四十七才マデノ鳥瞰図」というすごく細かい履歴書が入っていますが、自分の足跡を残すことに執念を燃やしてますよね。

——ところで、『貼雑年譜』は今回復刻された戦前篇の二冊以外に、戦中戦後篇七冊と全部で九冊あるそうですが、全部同じような体裁になっているのですか。

戸川　ええ、基本的には同じです。でも大きな違いは、三冊目以降は乱歩の書き込みが少ないことです。三冊目には少しはあるんですが、戦後篇は記事を貼ってあるだけです。やはり戦後は時間的にかなり多忙になってますからね。

ただ、三冊目の戦中篇（昭和十六年〜二十年）は、執筆に関する記事は少ないですが、戦時下の資料としてはきわめておもしろいです。たとえばこの時期、隆太郎さんが出征して、乱歩さんが町内会の会長だか副会長だかになるんですが、回覧板をまわしたり、戦地に赴いた息子に宛てた物資や手紙を町内会でまとめて送る取りまとめをやったりしているんです。そういう資料が貼り込んであるのが貴重です。また、スクラップブックとしては六巻までですが、それ以降の貼られるべき新聞記事や写真の切り抜きが封筒に入れたまま、かなり残っています。

復刻実現への道のり

「これはむろん他人に見せるものでなく、主として私自身の備忘と慰みのためのものであるが、兼ねて又、私の家族、子孫にとつては、かういふものにも何等かの興味があるのではないかと考へてゐる」（乱歩『貼雜年譜』序、昭和十六年四月初旬）

――大学卒業後、東京創元社に入社されたのですか？

戸川　大学三年生の一九六八年に安田講堂事件があり、翌年三月から十二月まで、立教の文学部はロックアウトされてしまい、授業がまったくありませんでした。僕は大学院に行こうと思っていましたから、就職活動もせず本ばかり読んでいました。

その頃、僕は早川書房や東京創元社にしょっちゅう行っていまして、早川の編集長の常盤新平さんや、東京創元社の編集長の厚木淳さんとよくお会いしていました。大学がロックアウトされていた時期に、厚木さんから東京創元社に入らないかと誘われて、いずれ大学に戻るまでの腰掛けのつもりで入社したんです。一九七〇年でした。厚木淳さんは、現在は翻訳家ですが、東京創元社にミステリ路線を引いた人なんです。

――東京創元社は、推理小説以外にも、海外文学や演劇の本を出していますよね？ それはどういう流れなのですか？

戸川　もともと大正期に大阪に創元社ができて、その支社というかたちで昭和十四年（一九三九）に東京にも創元社ができたんです。同じ会社なのに、大阪と東京で独自に企画を立てて、出版をしていました。当時の創元社は、漱石全集をはじめ、さまざまな本を出す総合出版社でした。小林秀雄を編集顧問に迎えて、「創元選書」というシリーズを出し、これが評判になりました。

戦後すぐ、厚木さんが京都大学を出て東京創元社に入ります。その頃の編集会議は小林先生が座長で、編集者の企画を先生がぼろくそに云いながら、通したり通さなかったりしていたらしい（笑）。厚木さんは、学生時代から推理小説が好きで、東京創元社でもミステリをやってみたいと云ったところ、「まぁいいだろう」ということで、一九五六年一月に『世界推理小説全集』を出し、その後も、「クライム・クラブ」などのシリーズを出しました。また、それまであった創元文庫の一路線として、一九五九年に創元推理文庫がはじまったんです。

それから二年ほど経って、戦後すぐの倒産に続いて、二度目の倒産をしたのです。このときは悲惨だったらしいです。出版社というのは、倒産前にはとにかくやたらと本をつくって取次に入れ、一時的にですが資金繰りをするんです。このときの記録を見ると月に三十点強の新刊を出しています。編集部だけいつの間にか百人くらいいて、朝出社すると隣に知らないのが座っていたらしい（笑）。ツブれるわけですよね。

その倒産後に、厚木がほとんどひとりだけ編集部に残って、推理物をメインとして会社を立て直すんです。一九六四年に、イアン・フレミングの００７シリーズの「００７危機一髪」という映画がヒットして、この原作の『ロシアから愛をこめて』が爆発的に売れた。毎日「００７」を増刷してたらしい。その後、映画の００７シリーズは毎年一本ずつ封切られ、早川書房と交互に原作本を出して、売りまくっていました。それに続いて、ＳＦがブームになり、東京創元社は再建されるんです。僕が入った七〇年の十月だったかに、負債を全部返したということで、倒産後は「東京創元新社」となっていたのを、もとの「東京創元社」に戻したんです。そのときの社長（秋山孝男）が古い「東京創元社」の看板を出してきて、それを玄関に掛けたというのを印象的に覚えています。ちょうど万博の年で非常に景気がよく、右肩上がりだったときですね。

――戸川さんはその後、ミステリ関係の企画を多く出されていますね。僕がとくに印象に残っているのは、紀田順一郎、北村薫といった日本作家の書き下ろし単行本を出していく一方で、推理文庫で『日本探偵小説全集』全十二巻を出すなど、推理小説の復刻を行った、一九八〇年代後半から九〇年代にかけてです。

戸川　それまで東京創元社では、ミステリを出していても、そのほとんどは翻訳物で、日本作家の作品は扱わなかったんです。その例外が、一九五六年に乱歩さんの還暦記念として出た『犯罪幻想』という自選短篇集でした。装幀、挿画は棟方志功さんで三百部限定の豪華本です。

乱歩については、ずっとやりたいと思っていました。『日本探偵小説全集』の初回配本が「江戸川乱歩集」だったのですが、その後、隆太郎さんに乱歩全集をだしたいという話をしました。しかし、ちょうど同じ時期に、講談社から『江戸川乱歩推理文庫』全六十五巻の話があって、そちらで決まってしまったんです。それで東京創元社としては、推理文庫で個別作品をぽつぽつと出していきました。そこでは、雑誌初出時の竹中英太郎や松野一夫の挿画を一緒に掲載しています。乱歩作品は、挿し絵を切り離しては語れないと思いますので。

――そういう延長線上に、『貼雑年譜』の復刻をしたいという思いがつのってきたのでしょうか？

戸川　『貼雑年譜』をじっさいに見て中身を知っているだけに、ちょっとやそっとでは復刻できないぞと思っていました。乱歩の手書きの文字はかなり読みやすいので、その部分を活字に起こすよりはこのまま復刻するほうがいい。ただ、ネックになるのは、原本に貼り込んである新聞広告や葉書、パンフレットなどです。なかには、二つの貼り込みが重なっていて、上のものをめくらないと下が読めなくなっている。『日本探偵小説全集』（改造社）や『現代日本小説全集』（アトリエ社）の内容見本みたいに、冊子ごと貼り付けてあるページもあります（二冊目・一八三ページ、三四一ページ）。だから、版面をそのまま複写しただけでは、必ず消えてしまう部分が出てくるんです。

そう考えていたら、一九八九年に講談社が『江戸川乱歩推理文庫』の特別補巻として『貼雑年譜』を復刻したんです。最初はカラーで復刻するつもりで全ページカラー撮影したけど、どうしても原価割れしてしまうので、再度モノクロで撮影したそうです。貼り込みの重なっているところや、折り込みの裏まで再現せずに、原本の二分冊を一巻にまとめ、判型も小さくして定価三千円で出しました。もちろん僕も買いましたが、それを見てると「こうじゃないんだよなー」と、なんだかものたりなかったですね。原価を考えればしょうがないという気持ちと、こういう出し方をして惜しいという気持ちが同居して、複雑な心境でした。

その思いをずっと引きずっていたんでしょうね、一九九一年頃にやはり『貼雑年譜』の完全復刻を出したいと隆太郎さんにお願いしました。原本を借り出して、綿密に原価計算したところ、ふつうの本と同じように初版何部で採算が合うという出し方ではムリで、三百部で採算がとれるようにして、事前に三百部の予約注文が集まったら、本当に出すというやり方にしました。税込み定価十九万五千七百円として、九二年九月に内容見本をつくりました。

――そのとき、新聞に大きな広告が出ましたよね。「予約が集まらなかったら出版中止」と書かれていて、とてもインパクトがありました。

戸川　予約注文は二百十人か二百二十人ぐらいまで来たんです。でも、予定の三百人には達しなかった。結局どうしても採算が合わないので、しかたなく中止しました。

職人的英知を集めて

「僕はやがて、父から少したくさんお小遣いをもらって、とうとう活字を買いはじめた。気の合った学校友達、つまり僕の出版社の少年社員といっしょに、遠い道をかけ足で、その頃名古屋市内にはたぶん一軒しかなかった活字販売所へ、ワクワクと胸をおどらせながら、なんど通ったことだろう。(略)僕はお伽噺の作者であり、編集者であり、文撰工であり、植字工であり、印刷工であり、製本屋であった」

(乱歩「活字と僕と」)

――ふつうだったら、そこで諦めると思うのですが、その八年後にもう一度チャレンジしたんですね。

戸川 制作中止になった後、しばらくそのままになっていたんですが、どうしても出したいという気持ちが消えなかった(笑)。それで、前回の企画のときに相談した、印刷所、製本所、用紙会社、撮影会社、製版所などの職人さんにもう一度集まってもらって、相談しました。たとえば、紙一つとっても、原本では何十種類もの紙が使われています。それを全部同じ紙に印刷することは不可能です。だから、だいたい四、五種類に分類して、原本の感じに合わせて使い分けていくことにしました。

この復刻版でいちばん大変なのは製本屋さんなんです。製版や印刷は技術的にどんどん精密になっているから、オフセットでかなり再現できます。しかし、製本はほとんどの工程が機械化されたために、今回のように何十カ所も手作業で貼り込んだりするのが難しいんです。それができる職人さんが高齢化してそろそろ引退する時期でもあり、「これが最後だ。いまやらないと」という危機意識がありました。

それで、もういちど復刻をやりたいと隆太郎さんにお願いし、原本を一日だけお借りしたのですが、十年前に比べてずいぶん傷んでいた。展覧会や貸し出したりしていましたから。

——いつだったか、「知ってるつもり?!」（日本テレビ系）で江戸川乱歩をとりあげて、『貼雑年譜』がスタジオに運ばれましたよね。そのとき、司会者が乱暴にページをめくったので、頭がクラクラしたことがありました（笑）。

戸川　そう、そんなこともあったりして。「これではいけないなぁ」と思いましてね。今回の復刻では、貼り込んであるものも含めて全ページ写真を完全に撮影しなければならない。そのために原本を傷めないよう、専門家の力を借りないといけないと感じて、知り合いの学芸員に美術品修復の専門家を紹介してもらった。その人から紙資料についてはもっとふさわしい人がいるからと紹介されたのが、花谷さんだったんです。それで、原本を検討するため乱歩邸に各業者が集まったときに、花谷さんにも加わってもらったのです。

花谷　私は詳しいことを聞かないままに、乱歩邸について行ったのですが、長年の経験を持つ職人さんたちがズラッと集まって真剣に議論しているのを見て、場違いなところに来ちゃったなあと思いましたね。そうしたら、「花谷さん、これは剝がせるよね」といきなり具体的な話がはじまっていた（笑）。

それまでにも企業や大学が所蔵しているスクラップブックについては、整理や保存する目的で、部分的に剝がしたことはありました。でも、この『貼雑年譜』は、乱歩が直接貼って書き込んでいる歴史資料ですから、なるべくいじらずにそのまま保存するのがベストなんです。まさか、それを「剝がしてくれ」と云われるとは思わなかった（笑）。保存を目的とする私たちの仕事と、原本を使って新しい本をつくろうとする戸川さんや印刷・製本の方の仕事は、いわば逆の方向をめざしているんです。だから、最初は不安でしたね。

――逆の立場の戸川さんと花谷さんが、一緒にひとつの本をつくったというのが、おもしろいですね。結局、原本は解体したのですか？

花谷　はい。幸い平綴じで、二本のひもが通してあるだけでしたから、解体自体はそれほど大変ではありませんでした。糊も使ってないですから、原本にはノドの部分にページの厚みを調整する「枕」という小さな紙片が入っています。そういう細かいところも含め、完全にもとの状態に戻さなければならないのです。

戸川　今回の復刻では、まず借りてきた原本を花谷さんのところに届け、解体してもらったあと、全ページを撮影し、また花谷さんに復元をしてもらってから、乱歩邸にお返しするという順序で作業しました。

――この復刻版では、折り込んだり重なったりの下に文字がある場合や、紙の裏に印刷や書き込みがある場合を除いて、ほとんどのページは貼り込みも書き込みも同じ版として印刷されていますね。原本の貼り込みは、何カ所くらい剥がすことになったのですか？

戸川　全部で三十カ所くらいです。重なっている部分はもっとあったんですが、花谷さんにしらべていただいたら、どうしても剝がせないという場所もありました。

花谷　原本を剝がせるかどうか判断するために、「スポットテスト」を行いました。二ミリ四方の小さな部分を使って、表面の文字や紙を傷めないでも剝がせるか、どういう材料を使えば剝がせるかをチェックして、大丈夫な部分とまったくダメな部分に分けました。この原本のように戦時中につくられたスクラップブックでは、糊もセロファン・テープもいろんな銘柄が使われているんです。たぶん乱歩さんも手元にあるものを意識せずに使ったと思います。だから、見るからに違う種類の糊がいくつもあるんです。貼られてからどれくらい年月が経っているかによって、原本を傷めなければ剝がせないものが必ずでてくるのです。

そういう箇所がある場合、撮影や印刷で対応できるのであれば、極力剝がさずに進めてもらうようにお願いしました。ですから、いかに原本を傷めないかを前提として、なるべく剝がさないようにしたんです。

——各ページの真ん中をよく見ると、一本の線が薄く入ってますよね。これは、原本が市販のスクラップブックの台紙を開いて使っているということですか？

戸川 そうなんです。この線の上と下に黒くなっている部分があるでしょう。これは原本では穴なんです。最初、なんのための穴なのか判らなかったんですが、じつはこの線で半分に折って針金を通すようになっているんです。

花谷 これは、この時代のスクラップブックによく見られるんですが、ページを広げた状態で何枚か重ねて、上下の穴に金具の爪（丸い小さい穴が空いている）、そこに折り目に沿って針金を渡すと、ページの束を押さえて止めることができるんです。

――スクラップブックには製作者の個性が反映されると思うのですが、『貼雑年譜』の作者としての乱歩をどう思いますか？

花谷　乱歩さんは、かなりの愛着を持って『貼雑年譜』をつくっていますね。ふつうはまず、貼り込んだ紙にシワが寄るんです。新聞紙だったり薄い紙だったりと紙の種類がバラバラですから、糊の強度によっては、波打ったようにシワが寄ってしまうのです。でも、『貼雑年譜』はそれがなくて、きれいに貼られていました。とても丁寧につくりこまれています。

偏執狂的編集の果てに

「こうして十三歳の私は直接活字そのものと縁結びをした。一生涯活字と離れられない密約を取り交わした。そして、それからのち何十年、活字の深なさけが、いかに私につきまとって来たことだろう」

（乱歩「活字との密約」）

――この復刻では、原稿用紙（二冊目・一九二ページ、三二〇ページ）や封筒（一冊目・七五ページ）までが複製されて貼り込まれていますが、これらも原本の通り再現したんでしょうか？

戸川　ある封筒には「東京榛原」という会社名が記されていたんです（二冊目・三七一ページ）。調べてみると、その会社は現存しているので、同じタイプの封筒を買って貼ればいいかと思いました（笑）。でも、やっぱり封筒のサイズは違うし、社名の空押しの書体も違っています。しかたないので、型を取ったり空押ししたりで、封筒だけで十万円ほどかかっています。

原稿用紙の裏は無地なのですが、表面の文字が裏写りしているので、そのシミだけを印刷した部分もあります。

でも、印刷でいちばん厄介だったのは、じつは台紙の地色なんです。一ページごとにカラー撮影して、オフセット印刷すると、そこに貼り込まれているモノの色合いに引きずられて、地色が変わってきてしまう。そのために、色調整が大変でした。内容見本や葉書などの貼り込みは、製本屋さんの仕事ですが、位置を合わせるためのアタリを印刷時に入れておき、その通りに貼り込んでいます。

――「心理試験」という短編の点字版（一冊目・一五八ページ）まで再現しているのがスゴイです。

戸川　最初はここまでやるつもりはなくて、ふつうに撮影して印刷すれば、見た目で点字だということは判ると思っていました。しかし、たまたま会社の近くに東京都立文京盲学校があったので、そこに相談したら、教頭の山田雅彦先生が興味を持ち、点字を再現してくださることになったんです。

この学校には昔の点字用のタイプライターとプリンターが残っていたので、それで打ってもらったら、原本と比べて、行間や天地が微妙に違うのです。山田先生が調べたところ、このタイプライターは昭和五十三年製のものだと判った。だから、戦前の機種とちがうところがあるのでしょうね。

また、原本の点字のコピーと一緒に、「心理試験」のテキストをお渡ししたんですが、テキスト通り点字で入力するとどうも違う。点字には、ローマ字の分かち書きのようなルールがあって、それが大正期といまでは違っているのではないかと云われた。だから、この点字は、原本通りの分かち書きで打ってもらっています。この点字についてはさすがに予想外で、ここまでするつもりはなかったんですが（笑）。

――「復刻」と云う場合、どこまで再現すべきだと考えていたんですか？

戸川　最初はあまり考えなかったんですが、作業をしはじめてから、ずいぶん悩みましたね。乱歩が昭和十六年（一九四一）につくったときから、すでに六十年が経っています。表紙には乱歩が書いているように彼の母の帯が使われていますが、現在ではくすんでいて模様などがよく判らなくなっています。それを最初の状態で再現するのか、いまのままとするのか。本文のシミを再現するのにしても、いつどの段階でついたシミかを特定することはできないし、だからといって、完全にキレイにしてしまっても良いかどうか。

また、昭和六十年以後に刻まれてきた歴史もあって、明らかに戦後になされた書き込み・貼り込みや、一度貼ったモノが剝がされている場合もあります。

それと、あるページに貼ってある記事が縮小された紙が貼られ、縮小率が指示してある場合（二冊目・一八四ページ、一九九ページ、二五〇ページなど）があって、僕はそれが『探偵小説四十年』に図版として使うためだと思ったんですが、よく見ると、サイズが違っている（笑）。ページが半分で切ってある（二冊目・一九六、一九七ページのあいだ）部分があるのも謎ですね。

いろいろ悩みましたが、今回の復刻では、現存する原本の状態をできるかぎり再現をすると同時に、そうすることに意味があると思われるところでは、当初そうであったと思われるようなかたちに復元するよう努力しています。

――予告が出たのは二〇〇〇年の冬でしたよね？

戸川　印刷は二〇〇〇年中に終わっていて、年明けから製本の作業に入りました。一月にいったい何冊できるか判らなかったので、三月から予約順に出来次第出荷するとしていたのですが、じっさいにはわりとスムーズに進み、全部で四回に分けて出荷しました。

二百部限定ですが、二月末まではまだ半分ぐらいしか予約が入ってなかったんです。三月に入ってから、「ほんパラ！関口堂書店」（テレビ朝日系）で紹介されてから予約が殺到し、三月中には完売しました。

――これで戸川さんの長年の念願がかなったわけですが、今後、江戸川乱歩については何か企画をお考えですか？

戸川　最近また、乱歩をめぐるおもしろい動きがあるんです。たとえば、成田山の書道美術館で作家の小酒井不木の遺品が展示されたんですが、その中に乱歩さんからの手紙がたくさんあるんです。また、乱歩邸の衣裳ケースからデビュー作「二銭銅貨」の下書き原稿などの資料が見つかりました。

今年四月から乱歩邸は、所蔵品も含めて、立教大学の所有になったんですよ。その前に、豊島区が買って記念館をつくる計画があったんですが、予算がなくて実現しなかった。それで立教大学が買いとったんです。

そういう新しい動きに合わせて、何かできるといいなと、いまあれこれ考えているところなんです。

［北区・紙資料修復工房にて／初出『sumus』十号、二〇〇二年九月］

戸川安宣

昨秋、七十歳となり、乱歩の歳に並びました。東京創元社を離れ、現在は毎日が日曜日です。一昨年、自叙伝、というのでしょうか、本を読み、編み、売ってきた半生を語ったものを空犬太郎さんに纏めていただいた『ぼくのミステリ・クロニクル』（国書刊行会）を上梓しました。同時に、大変なミステリ好きの児童文学者、杉みき子さんのミステリ的作品とエッセイを集めた『マンドレークの声』（亀鳴屋）を出させていただきました。今年はその亀鳴屋さんで一九七八年秋から一九九二年春まで、朝日新聞紙上で書いていた書評やエッセイを集めたものを出していただく予定です。江戸川乱歩の著作権が切れ、この数年は大変な乱歩本の刊行ラッシュ。なにせ岩波文庫に『超人ニコラ』が入るんですからね。しかし、平山雄一さんの『明智小五郎回想談』（集英社）は蓑浦元警部補に請われて、明智が自身の半生を語る、という小説仕立ての立派な研究書です。さすが乱歩ファン、流石シャーロッキャンと唸らせる一編。かくいう僕も、明智夫人を軸にした乱歩の識閾下の願望を纏めてみたい、という思いをずっと抱いているのですが、平山さんのような馬力がないので、平成の世には完成しますまい。

花谷敦子

乱歩邸の応接室で皆さんとお逢いしてから二十年近くが経とうとしています。いきさつはわかりませんが、数年前、『貼雑年譜』は京都の経師により、全解体が行われました。恐らく私が「紙の劣化が激しく脱酸性化処置（酸性紙を中性以上にする処置）は必要」と云い残したことも要因かと思います。乱歩さんがお母様の着物の帯で仕立てた表紙は布がすべて剥がされ、芯材のボードは新しい中性紙に取り替えられました。中身の頁も同じく、乱歩さんの手の痕跡は失われました。日本では、掛け軸や屏風、建築に至るまで、仕立て直すことが風土としてあります。それは高温多湿の気象条件から生まれた生活の知恵かもしれません。その風土の中で、手稿（ドキュメント）をあるがままに残すこと、その理解を得ることの難しさを改めて感じると共に、戸川さんの完全復刻版への決断に、今更ながら先読みの深さと愛情を感じます。手稿には作品の陰に隠れている作者の日常や、整理されない思考が垣間見られることが多くあり、整って世に送り出された作品の真意が逆にそこから解かることも多くあります。ドキュメント（情報）をどのように遺すのか、知恵を出し合える場が増えることを心から祈ります。

『貼雑年譜』復刻版スタッフ

撮影・イトウ写真工房
製版・サガノプロセス
印刷・方英社
表紙クロス・山川商店（東洋クロス）
用紙・京橋紙業
製本・鈴木製本所
修復・紙資料修復工房
製函・資料保存器材＋八光製函
点字作成・山田雅彦（東京都立文教盲学校教頭）

参考文献

平井隆太郎「父の貼雑帳から（一）〜（二十五）」（『江戸川乱歩全集』（全二十五巻、月報、講談社）
『新潮日本文学アルバム　江戸川乱歩』（新潮社、一九九三）
新保博久＋山前譲編『乱歩打ち明け話』『群集の中のロビンソン』（河出文庫、一九九四）
新保博久編『江戸川乱歩アルバム』（河出書房新社、一九九四）
黄金髑髏の会『少年探偵団読本』（情報センター出版局、一九九四）
特集「江戸川乱歩」（『太陽』一九九四年九月号、平凡社）
平井隆太郎・中島河太郎監修『江戸川乱歩執筆年譜』（名張市立図書館、一九九八）

『日曜研究家』と昭和庶民文化研究

二〇〇二年十月六日
聞き手　南陀楼綾繁・荻原魚雷

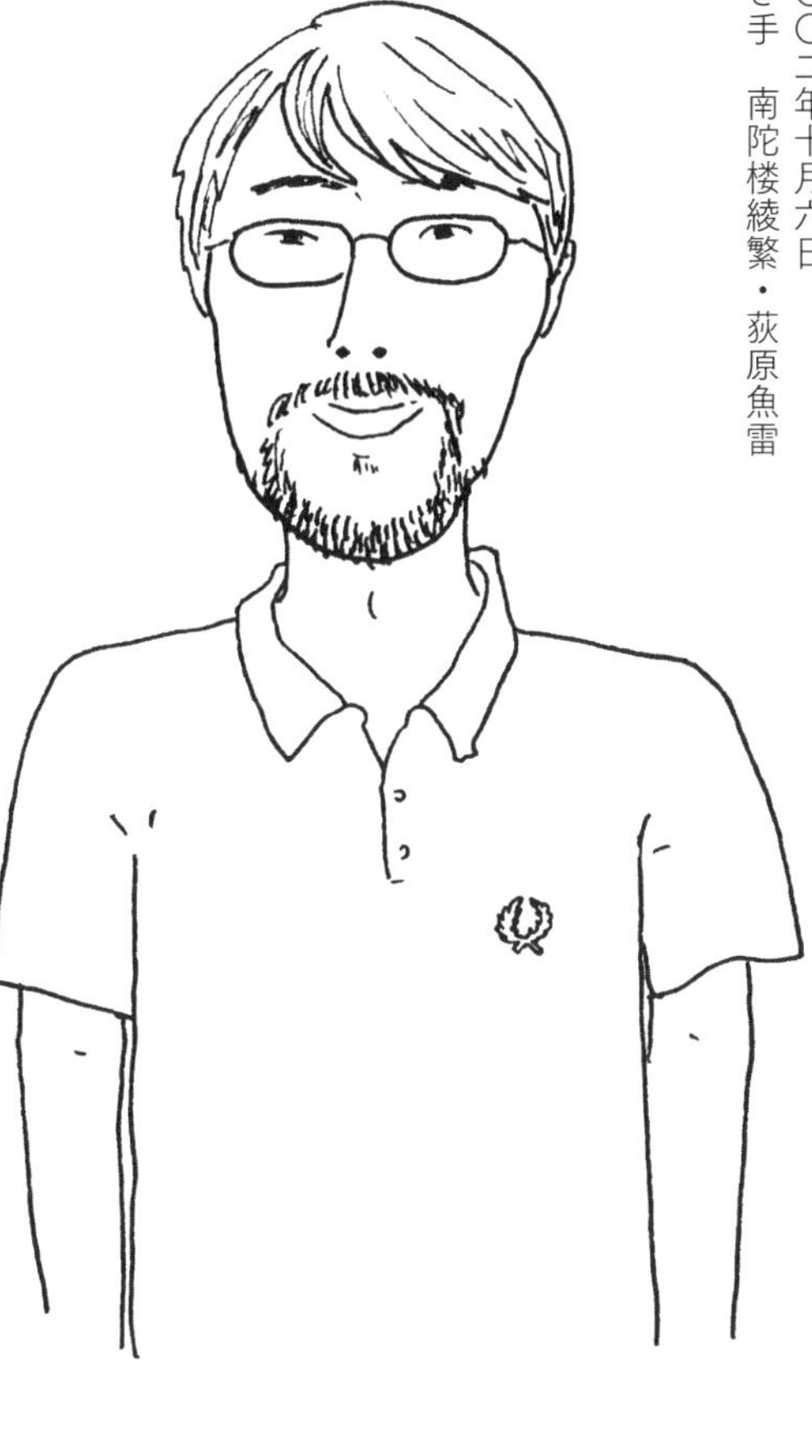

串《くし》間《ま》　努《つとむ》

1963年千葉県千葉市生まれ。高校一年生のとき、ビックリハウスの「エンピツ賞」受賞。國學院大學神道科中退後、様々なアルバイトを経て医療業界誌に入社。並行して93年にミニコミ『日曜研究家』を創刊。「昭和B級文化の記録」を志し、脱サラして日曜研究社を旗揚げ。著書に『ザ・おかし』（扶桑社）、『まぼろし小学校』（小学館）、『子供の大科学』（光文社）、『昭和レトロ商品博物』（河出書房新社）、『チビッコ三面記事』（筑摩書房）などがある。

串間努さんは、一九六三年、千葉市生まれ。大学中退後、スーパーの店員、長野の観光バスの車掌など数々のアルバイトを体験する。九四年、「昭和B級文化の記録」をめざすミニコミ『日曜研究家』を創刊、九六年にはじめての単行本『ザ・おかし』（扶桑社）を刊行した。その後も、『まぼろし小学校』（小学館）、『子供の大科学』（光文社文庫）など意欲的なテーマの書き下ろしに取り組んでいる。

僕が串間さんと出会ったのは、九五年頃。前にいた出版社で『年表で見るモノの歴史事典』という企画本を編集していたときで、その広告を見て、串間さんが電話をしてくれたのだ。僕はその数日前に、偶然、『日曜研究家』というミニコミを手に入れていた。秋葉原の「メトロ」という喫茶店で出会い、何時間も話した。その次に会ったときには、『日曜研究家』で「帝都逍遥蕩尽日録」という日記を連載するコトが決まっていた。南陀楼綾繁という名前を自分のミニコミ以外で使ったのは、それが最初だった。

その後も、雑誌の発送作業を手伝ったり、コミケに出店したり、古書展に行ったりと付き合いが続き、九九年には串間さんの編で、僕や扉野良人さん、近代ナリコさん、いまやマンガ原作者の大西祥平さんらが原稿を書いた『ミニコミ魂』（晶文社）という共著を出すことができた。

串間さんはその後も描き下ろしを中心に著作活動を続けている。近著に『ザ・駄菓子百科事典』（扶桑社）がある。また、青梅にオープンした「昭和レトロ商品博物館」の名誉館長、レトロ系ポータルサイト「まぼろしチャンネル」のプロデューサーである。

今回の（『sumus』十一号）特集を「実用本」に決めたとき、インタビューしたいヒトとして、真っ先に串間さんの顔が浮かんだ。「レトロ」とか「昭和B級文化」という切り口での彼へのインタビューは何本もあるが、子どものときに読んだ本や、物事のディティールにこだわる性癖がどうやって生まれたかをきちんと聞いてみたかった。少年時代に「実用本」の魅力にとりつかれ、のちに「実用本」の送り手になった串間さんの「実用本」人生をダイジェストでお届けしよう。

図書館で「049」に出会った

――子どものときは本屋によく行ってましたか？

串間 ウチは貧乏だったから、あまり本を買ってもらえなかったんです。だから本屋で親に本を買ってもらったことは、一回だけ、山本有三の「路傍の石」と「真実一路」が一冊になった本だけ。親戚には何度か買ってもらったことがあるけど、そういうときは、分厚くて話がなるべくたくさん入っている本を買ってもらいました。好きだったのは作家の子ども時代のエピソードをまとめた「恥ずかしかった物語」「寝小便物語」とか。童話を読むよりも、じっさいにあった話を読むほうが好きな子どもだったんです。ウソの話は好きじゃないし、外国文学なんかは登場人物「ジャック」とか「マリー」とか出てくるだけで、読めなかった。だから、いまだに『宝島』のストーリーも知らない（笑）。

そんなわけで、本屋に行くことはあまりなくて、本は図書館で読みました。最初は小学校の図書室、それから、車で市内を回る「移動図書館」でも本を借りました。僕は千葉市に住んでいたんですが、日本で一番最初に移動図書館をやったんですよ。※

――すでに昭和二十五年二月から「移動図書館ひかり号」が始まっていますね（大岩好昭『来し方　移動図書館と共に』私家版）。

串間　その移動図書館で小学校二年頃に借りた本が、忘れもしない、理科の実験のやり方を集めた本でした。松脂を入れるとでっかいシャボン玉ができるというような事例が詰まった本です。

それから、ラジオの子ども電話相談室をまとめた本もありました。ヒヨコを孵すのには裸電球で暖めればいいとか、生活の知恵がたくさん入っていた。「なぜなになんでも百科」というようなタイトルの本。

小学四年の頃に、近くに千葉市立図書館ができて、そこに毎週土曜日に通うようになりました。僕が借りるのは図書館の分類（日本十進分類表）でいうと「総記」の中の「雑著」、番号が049に分類されている本。そのコーナーに行って、うつみみどりやあのねのねなどのいまでいうタレント本とか、『欽ちゃんのどーんと行ってみよう』などのテレビやラジオの本を借りたり、それと毎日新聞社が出していた

※取材当時は千葉県立図書館の「訪問図書館ひかり号」が日本初の自動車による移動図書館だった。その後の研究の進展で、高知県、鹿児島県が先駆であるとされている。

「雑学シリーズ」をよく読みました。続、続々、新、新々、新新新なんて何冊もつづいていたヤツ（一九七一年から刊行）。

――毎日新聞社のそのシリーズでは、そのあと、『歴史雑学事典』『ギャンブル雑学事典』とか、いろんなテーマで続編が出ますよね（国会図書館のデータベースによれば、一九八〇年代半ばまでに、約三十五冊刊行）。

串間　『ヘンな本』というのも読んだよ。

――『ヘンな本』？　野末陳平の？（青春出版社、一九六六）

串間　いや、講談社の子ども用のシリーズで、やくざの仁義の切り方とか、おかしな雑学ばかり集めたハードカバーの児童書（笑）。そういう児童書として出たノンフィクションをずいぶん読んだ。「おなら」の本とか。

ほかにも、誠文堂新光社の切り抜いてつくる紙相撲の本を切り抜かずに眺めたり、主婦と生活社が出していた「21世紀ブックス」でマンガ家の石川球太が書いた『おもちゃの作り方』という本を読んだり。

――「21世紀ブックス」は、『植草甚一の英語百科店』とか、赤塚不二夫の『全部切り抜く本』とか、おもしろいアイデアの本をよく出してましたね。

串間　そういう軽い本ばかり借りているから、すぐに読めてしまう。市立図書館では当時は一人当り二冊しか借りられないのですが、うちは三人家族で三人分のカードがあったから、それを使って六冊借りていました。それでも足りずに、「草間みどり」とか「草間たけし」とか架空の妹や弟をでっち上げてカードをつくり、十冊以上借りていました（笑）。

家から十分ぐらいのところに、県立図書館もあって、そっちにも通っていました。そこではかなり大人っぽい本を借りていましたね。

――実験や工作のやり方を書いた実用本を読んで、自分でもやってみたんですか？

串間 いや、やらないんです（笑）。僕は趣味を持つときには、入門書を読んだり道具を集めたりして結局やらないタイプ。小学校三年生で、釣りに興味を持ったときも、まず図書室で本を調べて、それから釣具屋に行って、「ナスカン」「サルカン」なんて小物や、「板おもり」「浮き」を買おうとした。でも、釣りって何を釣るかによって、道具もシカケも全然違ってくるでしょう。だから店のおばさんが、「君は何を釣りに行くの？」と聞いてくるんですが、それには答えられない（笑）。そうやって、普通の人が買わないようなマニアックな小物を買ってきて、「タックルボックス」という釣り用の道具箱にセットするのが好きだった。釣り自体は千葉港に一回行っただけ。絵の道具もそうで、絵の具の名前をいっぱい覚えて、新宿の世界堂まで買いに行き、絵の具箱にセットするともう満足する。
そういう風に、いろんなジャンルの知識を頭に入れること自体が好きなんです。デパートに行ってボーイスカウトのカタログを貰ってきて制服や階級章を覚えたり、ボーイスカウト手帳を買ったり。ボーイスカウトはベーデン・パウエルという英国人が始めたんだけど、その伝記を図書館で借りてきて読んだり。そこまでやるんだけど、ボーイスカウトには入らない。

――そこまで行ったら、むしろ入っちゃう方が自然だと思うんですが（笑）。

串間 そういうつもりはないんです。日本のボーイスカウトの前身は戦前の「少年団」なんですが、その頃に『少年団研究』（少年団日本連盟の機関誌、一九二四年創刊）という雑誌の復刻がボーイスカウト協会から出たと聞いて、図書館にリクエストしたんです。そうしたら図書館の人に「それは高いから購入できないけど、ウチの館長が昔ボーイスカウト運動をやっていて、この雑誌の実物を持っているから、それを個人的にお貸しします」と云われたことがある。
だから図書館の中でも「あの少年はなんだろう」と話題になってたんじゃないかと思うね。『少年倶楽部』の復刻版とか、講談社の社史を、国会図書館から借りてもらってたんだから、オカシイよね。

――そういう興味が戦前という古い時代に行ってしまうのは、理由があるんですか？

串間 それにはきっかけがあったんです。昭和五十年に『週刊読売』が『少年倶楽部』の特集を組んだんです。ちょうど講談社が創立何十周年記念かで、『のらくろ』の復刻版を出したり「少年倶楽部文庫」で名作を文庫化していた時期です。その頃、僕は北杜夫や遠藤周作が好きだったんですが、そこでは彼らが自分の少年時代に『少年倶楽部』がいかに魅力的だったかを語っていた。「へえー、マンガじゃなく活字の雑誌でそんなにオモシロイのがあったんだ」と思って、読むようになったんです。

それから、うちは両親とも戦前にヒットした歌謡曲を聴くのが好きだったんですよ。そういう音楽がいつも流れていた。周りがビルになったりと近代化して「アメリカ」みたいになって行くなかで、うちは木造の古い一軒家で洗濯にはたらいを使っていたりと戦前の日本みたいだった。だから、そういう世界にスッと入れたということもあります。

趣味誌の世界に入りこむ

――モノを集めはじめたのはいつ頃からですか？

串間　いちばん最初に集めたのは、仮面ライダーカードが付いている、「仮面ライダースナック」の袋でした。

――袋?(笑) カードは集めなかったんですか?

串間　カードはみんなが持っているし、カネ持っているヤツは何十袋も入った箱ごと買ってたりするから、カードの数では敵わない。それじゃあオレは、捨てられてしまう袋を集めようと。当時、仮面ライダーのほかにも、バロム1とか月光仮面とか赤胴鈴之助とかのスナックがいろんな会社から出ていたんですが、その袋だけを一生懸命集めた。友達に見せても「へえー」っていわれるだけだったけど(笑)。

小学校四年頃からは、切手を集めはじめました。『切手マガジン』というエルム出版(のちにあかしや出版)が出していた少年向けの切手雑誌があって、その「支部コーナー」という欄に、個人が出した切手の雑誌の広告がたくさん載っていた。『市川郵趣』創刊しました。切手五十円で送ります」とか。で、申し込むと、ガリ版刷りの雑誌が送られてくる。そのナカに、また別の雑誌の広告があって、だんだん購読雑誌が増えて行くんです。それで、切手だけでなく、宝くじとか、切符、マッチラベルなどの「紙モノ」蒐集の世界を知りました。

――それが「趣味誌」ですね。交換をベースにしながら、読み物も載せるという。

串間　そうそう。各自の投稿で雑誌がつくられていた。インターネットの掲示板みたいなものですね。自由投稿と課題投稿があって、「沖縄切手を考える」という課題があると、みんながそれについての文章を書いてくる。前の号の原稿に三カ月後ぐらいに反論が載ったりとか。いま考えると、みんなものすごく気が長いよね。そういう雑誌のコミュニケーションの部分がだんだんおもしろくなって、のちに『ポンプ』（現代新社→JICC出版局）とか『ビックリハウス』（パルコ出版）という雑誌に投稿するようになるんです。

自分でも中学生の頃から、詩吟とかプロレスの趣味誌をつくるようになりました。全部創刊号で終わったけど（笑）。何か新しいものが好きになると、それだけで雑誌を一つつくってしまっていた。

当時は、いろんな趣味誌がありました。小学六年生で趣味誌を出しているヤツもいた。福井県の敦賀市でオカノシンヤというヒトで、小学生が自分で記事書いてガリ版刷ってるというのはすごかった。そいつが不良でねえ、ボンタン（変型学生服）の穿き方とか、麻雀の上がり方とか、暴走族のこととか書いてましたよ。趣味誌の異端児ですね。いまナニやってるのかな、会いたいな。

いまだにコミケ（コミックマーケット）でも、「僕も趣味誌を読んでたんです」って声を掛けられることがありますよ。それなりに読者はいたんだよ。一時は全国の趣味誌を集めて団体をつくろうという動きがあって、じっさいに集まりを持ったりしていたようです。

――中学生の頃はどんな本を読んでたんですか。

串間 相変わらず毎週図書館に通って、十冊ずつ読んでいたので、そのうち読むものがなくなってきたんです。それで、雑書よりも専門書を読むようになりました。たとえば忍術の歴史とか金魚の飼い方とか。でも、金魚は飼わないんだけど。

――トランプの遊び方とか?

串間 そうそう。トランプの本を読むと、トランプのカードをツルツルっと腕のところで滑らせるやり方が書いてあるでしょう。でも、子どもの使っているトランプなんて紙製だから、ああいう風にうまく滑ってくれない。それで、石鹸水を塗ってツルツルさせたりして。僕は一人っ子だから、トランプゲームのやり方を覚えても相手がいないんですよ。それで一人遊びをしたり、占いをやっていた。一人っ子だと、野球ゲームも一人で二チームやらなきゃいけなくて忙しかった(笑)。

そういえば、野球の歴史にも凝ったことがあります。野球評論家の大和球士が書いたプロ野球の歴史の本(『真説日本野球史』ベースボール・マガジン社)を読んで、戦前の職業野球のチームや選手の名前を覚えました。

ただ、高校生になってからは本はあまり読んでないんです。友達と遊んだり、アルバイトしたり、デートしたりで、本を読むひまがなくなってきた。それと、アルバイト先などで大人と接することが多くなった。パチンコに連れて行ってもらったり、喫茶店に行ったり。大人としゃべるというのが、その時期は読書の代わりだったかもしれないですね。

――趣味誌は続けていたんですか？

串間　高校一年生のときに『ビックリハウス』の投稿で「エンピツ賞」というのをもらうんです。賞金はなかったけど、受賞後第一作というのに原稿料が出た。それで「マイプリンターL」という孔版印刷機を買いました。それで、『新青年』という趣味誌を六号まで出しました。でも、さっき云ったみたいに、高校生はいろいろ忙しいから、受験の時期にやめてしまいました。

趣味誌というのは、袋に詰めたり、会費の催促をしたりと、雑誌をつくる以外にも事務作業がたくさんあって大変なんです。「会社ごっこ」みたいな感じがありますね。

――発送があるから郵便局に行かなきゃならないし。郵便局に毎日行く高校生も変ってるよなあ（笑）。

串間　だから、高校生のときから振替口座や定額小為替のことを知っていた。それがのちに『日曜研究家』を始めるときに役に立つんです。さすがに納品伝票の書き方までは知らなかったけど。

読者から書き手へ

——そうやって実用本を読んでいるうちに、自分で商品の歴史やエピソードを調べるようになりますね。そのきっかけは？

串間　僕は國學院大學の神道科に入ったんですが、一年ほどで辞めたんです。授業料が払えなかったのと、自分が考えている「神道学」とはあまりに違っていたので。あのまま神道科にいたら、いまはまったく違った人生になっているでしょうね。

その後、一九八六年頃に病気になって療養しているときに、また図書館で本を借りるようになった。自分の興味があるのはやはり「０４９」の世界だということを再認識して、アイスクリームはいつできたかとか、ホットドッグの由来は何かとかの「事物起源」を調べるようになったんです。

もっと後になって、雑学本には載ってないような疑問を解決するために、国会図書館で業界史や社史、専門の雑誌などを調べるようになったんです。本の後ろに載っている参考文献リストを見て、たとえば『食品産業新報』という業界紙があることを知り、それを閲覧しに通った。そうやってワクワクしながらいろんなことを調べていたんです。

——でも、一般的に見れば、業界史や社史は無味乾燥な記述が多いじゃないですか。

串間　そんなことはないよ。だって、『玩具商報』の古いのを見ていたら、「ミクロマン」のヒットを語る座談会というのが載っていて、タカラの営業部長が「これはウチが満を持して出した企画で……」と、ネーミングの由来などを語ってるんです。そういう話がいちいちおもしろい。こういう資料を読むだけで生活できたらどんなにいいかと、何度も思ったなあ（笑）。

僕は学生時代から何年もスーパーで働いていたから、食品でも雑貨でも固有名詞になじみがあるんです。たとえば、サンポールクロロックス社のトイレの「新洗剤サンポールV」とか、ライオンの「グリーンシャンプー三百ミリリットル」とか、そういう名称に反応できる。問屋の名前も知っているし。

商品だけでなくて、どんなものについても、固有名詞へのこだわりがすごくあるんです。小説を読んでいても、細かいことが気になる。さっき読んでいた本に出てきたんですが、「タバコのおまけのカードは昔欧米で流行った」なんて書いてある。タバコといったってどういう銘柄を指すのか、欧米といってもヨーロッパとアメリカとはかなり違うはずだし、そういうことを抜きにして文章を書いていいのか、と思ってしまう。だから、事実が細かく書いてある本が好きなんです。

たとえば、この本。『捜査参考図』（警察図書出版株式会社）もそうです。昭和四十年に出た改訂版です。

——警視庁刑事局捜査第一課編（笑）。

串間 この本は、服、履物、眼鏡、財布、家具、貴金属、印刷、工具など、犯罪に関係しそうなあらゆる事物の各部位の名称がこと細かく書いてある。鍵だったら、シリンダー南京錠、ダルマ錠、しんちゅう中折捻締錠、クレセント錠、ラッチ錠とか、金庫は、天板、側板、裏板、地板、自在車輪、煙返、ヒンジ、カンヌキなどからできているとか。

警察が調書を取るときに、全部のものを文章で、表現しなければならないから、そのための便覧です。

——髪型の種類が写真入りで書いてある。ロング、オールバック、スカルプチュアカット、ハーフロング、ショート、スポーツカット（慎太郎刈り）。「芸術家刈り」というのもありますね。「髪型以前の髪型で正規の名称はない」だって（笑）。それにしても、タイプライターやミシンという項目があるのに、時代を感じますね。いまはいまあるモノに合わせて改訂版を出しているんでしょうね。

串間　国会図書館でいろんな資料を調べる日々を送りながら、こんなにおもしろいネタが豊富にあるのだから、業界史から拾ったエピソードを一般読者に伝わるような役目を自分が出来ないかなと思ったんです。業界用語やデータを咀嚼して、自分なりに書いたらおもしろいんじゃないかと。そう思いながら、ノートに記録していました。

一九九〇年代の初頭という時期は、そういうレトロなものが雑誌や本のネタになりつつある時期でもありました。その頃、平凡社が『QA』という雑誌を出していたんですが、質問と答えを記事にするスタイルに惹かれました。それと、この前亡くなった里見真三さんが、『くりま』という食をテーマにした雑誌を出したり、『ベスト・オブ・ラーメン』（文藝春秋）を出したりして「B級グルメ」を提唱したでしょう。その影響を受けて、自分でも昔からあるフルーツパーラー、ミルクホール、鯛焼きなどの店やメニューのリストをつくって、毎日のように足を運んだりしていました。
　また、田沢竜次というライターが、『東京グルメ通信』（主婦と生活社）という本を出したんですが、学生食堂や立ち食いそばのことを書いていた。その田沢さんは、『少年ジャンプ』で「ぼくらが大好きなおまけたち」というような記事も書いていた。

――串間さんの視点と似てますね。

串間　そう、だから、「オレと同じことをやっている！」という焦りのようなものを覚えた。そういう時期に、コミケに初めて行って、十代や二十代の連中がミニコミを販売しているのを見て、自分でも雑誌をつくりたいという欲求がものすごく高まったんです。それで、これまで調べてきたことを外に出す場所として、一九九三年に『日曜研究家』を創刊したんです。創刊号は五十冊しか売れなかったんですが、その後、記事やデザインをいろいろ工夫したら、一日のコミケで三百冊売れるようになり、一般書店にも置いてもらえるようになりました。

――それから、「昭和文化研究家」として、書き下ろしの単行本を何冊も出すようになった。そのときに、これまで図書館で調べてきたことがどういう風に役に立ったんですか？

串間　そのときのノートや、あとでパソコンに打ち込んだデータがなければ、僕のような仕事はできないですね。食品の分野だと、過去に『日本清涼飲料史』(東京清涼飲料協会)とか、池田文痴菴が執筆した『日本洋菓子史』(日本洋菓子協会)という分厚くて詳しい本が出ています。それを基礎としながら、別の資料を調べたり、関係者にインタビューすることで、新しい発見が生まれる。たとえば、明治時代の業界紙を調べて、ラムネを誰が最初に始めたかが判ったこともありました。そういう事実がわかったときの知的興奮というのはすごいですね。

すべては「実用本」に通ず

――僕が串間さんと出会ったのは三号を出した頃(一九九五)だったと思うんですが、その辺りから図書館で調べるだけじゃなくて、古本で資料を大量に買うようになりましたよね。それはどういうきっかけで?

串間　それは南陀楼さんに会ったからだよ(笑)。それまでは、古本屋にもあんまり行ってなかったんだから。あなたに教えてもらって、古書展に行ったり目録で買うようになったんだよ。その頃は、毎週金曜日に古書会館に朝から行って、台の下にある雑誌や資料を漁っていた。地べた狙いの専門（笑）。またたく間にものすごい量になってしまった。

――その頃、岩本町に事務所があったんだけど、遊びに行くたびに、何千ページもある分厚い業界史とか、雑誌の百号揃いとかが増えていて、大丈夫かなと思った（笑）。月の輪書林でも、一回の目録で三十数万買ってましたね。

串間　とにかく国会図書館にない部分を、古本で埋めようというつもりだったんです。そうやって古書展に通ううちに、業界関係のほかにも、たくさんおもしろい本があることに気がついて、それから古本集めにハマっちゃったという感じですね。でも、最近はほとんど買わなくなったね。埼玉に引っ越してから、古書展にもあまり行ってないし。

古書展で買っていたのは、雑誌の付録、スクラップブック、家計簿、日記帳、切り抜き、年鑑なんかです。ここでもやはり実用本ばかり買ってました。戦後のカストリ雑誌もずいぶん買って、その中から『日曜研究家』向けの記事やおもしろい広告を見つけました。

古い趣味誌もだいぶ買いました。たとえば、これは昭和四十年代にでた『箸袋趣味』というんですが、箸の袋のコレクターが出している趣味誌です。この号は「箸袋趣味の会全国大会」特集号で、毎年全国大会を開いて講演や展示、オークションをやってることが判る。そのほか、新入会員の紹介とか、珍品自慢とか。

――裏を見ると、「H・S・K」と入った「おてもと」マークがありますね。「はしぶくろ・しゅみの・かい」(笑)。

串間 古書展や古書目録で見つけた資料には、ずいぶん助けられました。たとえば、神保町で、消費レポートや統計をよく出す古書店があるんですが、そこで清涼飲料水の消費者動向をまとめたレポートを見つけて、判らなかった部分が埋まったり、業界史に書かれていないことが、経済研究所やリサーチ会社のレポートで判ることもありました。商品ごとの販売傾向や消費者の嗜好が書いてあったりする。

――最近はどんな本を集めているんですか?

串間 戦前に出た「開業案内」の本を集めています。『小資本開業案内』なんてタイトルの、いろんな商売のはじめ方をまとめた本です。たとえば、泉麻人さんがエッセイに書いているけど、一九八〇年代後半まで、「ふくふく饅頭」という甘味どころのチェーン店が東京や千葉にあったんです。店頭で蒸篭に肉まんやアンマンを蒸していて、中で食券を買って入るという店。いまは巣鴨の北口に一軒だけ残っています。この前、昭和二十年代の開業案内の本を見ていたら、その「ふくふく饅頭」の開店案内が載っていて驚いた。かなり流行っていたんですね。

ここにあるのは、昭和四年（一九二九）に出た『百円以下の資本で開業確実に儲かる　新職業二十種』（大光館書店）という本。「クッション売り込みの法」「支那そば行商上前はねの法」「万年筆行商と製品安価仕入」「焼芋で一千円儲けた話」「バリカンの行商」なんてのが載っている。「古書通信販売の法」という項目もある。目録を印刷するのは、都会よりも田舎が安いし、急がないのであれば刑務所に持ち込めば安いなんて書いてある（笑）。

――「先づ古書籍総目録といふのをこしらへる。この目録が出来れば、もう後はわけはないのである」だって。ホントかなあ（笑）。序文を読むと「本書は資本金を百円として、或は資本金百円と言ひ乍ら、実はその内の一少部分を以て利益を挙げる方法を指導するにはするが、指導と称するものはほんの一部分に過ぎぬ。戦の駆引きは実は諸君の頭にある。腕にある、更に諸君の度胸にある」と、いきなり責任回避してますね（笑）。

今後のお仕事は、どういう方面ですか？

串間　いまは、子どもをテーマにした仕事に軸足が移っています。その一冊は「少年ブーム」についての本で、フラフープやダッコちゃんなどの一斉を風靡した玩具や、なめ猫やインベーダーゲームなどの社会現象がどう子ども世界におりていたか。また、キャラクター商品が増えていったという企業戦略などについて書いています。もう一冊は、『子どもの事件簿』というタイトルで、子どもの世界で起こった事件について書いています。大人が子どもに行った詐欺とか、子どもの自殺の原因や学校に放火した心理、防空壕や冷蔵庫に閉じ込められたというようなその時代ならではのアクシデントなどを集めた本です。

それと、昭和三十年代を舞台にしたミステリーを書かないかという話もあります。出てくるものが、ちゃぶ台とか、木造建築とか、タバコは「しんせい」とか、やたらディティールに凝った小説（笑）。

――まさに固有名詞の世界ですね。

串間　だから、なにか本を読むたびに、「これは今度の本に使える」とか考えながら読んでいるんです。いつも楽しみのための読書というよりは、すべてを「実用本」として読んでいるんです（笑）。

［さいたま市・三雲社にて／初出『ｓｕｍｕｓ』十一号、二〇〇三年一月］

揺れ動くコレクター魂　串間努

最近、零細企業の「事業承継」が注目されている。後継者難などで会社を畳む経営者と投資家をつなぐマッチング会社も出現した。しかし自主的に廃業を選択した企業の半数は黒字で早めに進退去就を考える社長が多い。平均寿命が毎年更新される中、経営者同様、蒐集家も高齢に至る前にコレクションをどう処分するかが今後の課題だ。後進に譲るか寄贈先を探すか。

私は五十歳のときに大病を得て、「臨死体験」をした。科学的ではないため信じて欲しいとは云わないが、個人的には価値観を大きく変える出来事だった。以来、古書探索や紙モノ蒐集のモチベーションが、どうもイマイチだ。「死んだら無」になるという感覚が少しわかりかけてしまったのだ。部屋中の古書と紙モノの山は遺族には迷惑なだけだろう。

無力感はあるが「風吹かば吹け雨降らば降れ」とも悟れない。今でもヤフオクや古書目録で探求書を発見すれば目が輝く。しかし死後を考えると葛藤し買うのを手控えることが多くなった。忘我の境地で蒐集品を求め、日夜コレクションの充実に心を砕いていた私だったが、暴走する意欲を冷静に制御できるブレーキを入手したのだ。しかし「コレクトマニア」の思いが皆暮れゼロになった訳ではなく、熱狂のアクセルペダルから完全に足を離せない。蒐集中止か継続するか、中途半端な未練が残っているのは慙愧の至りである。

何者にもならぬ法

二〇〇四年一月二十四日

聞き手　南陀楼綾繁・高橋徹（月の輪書林）

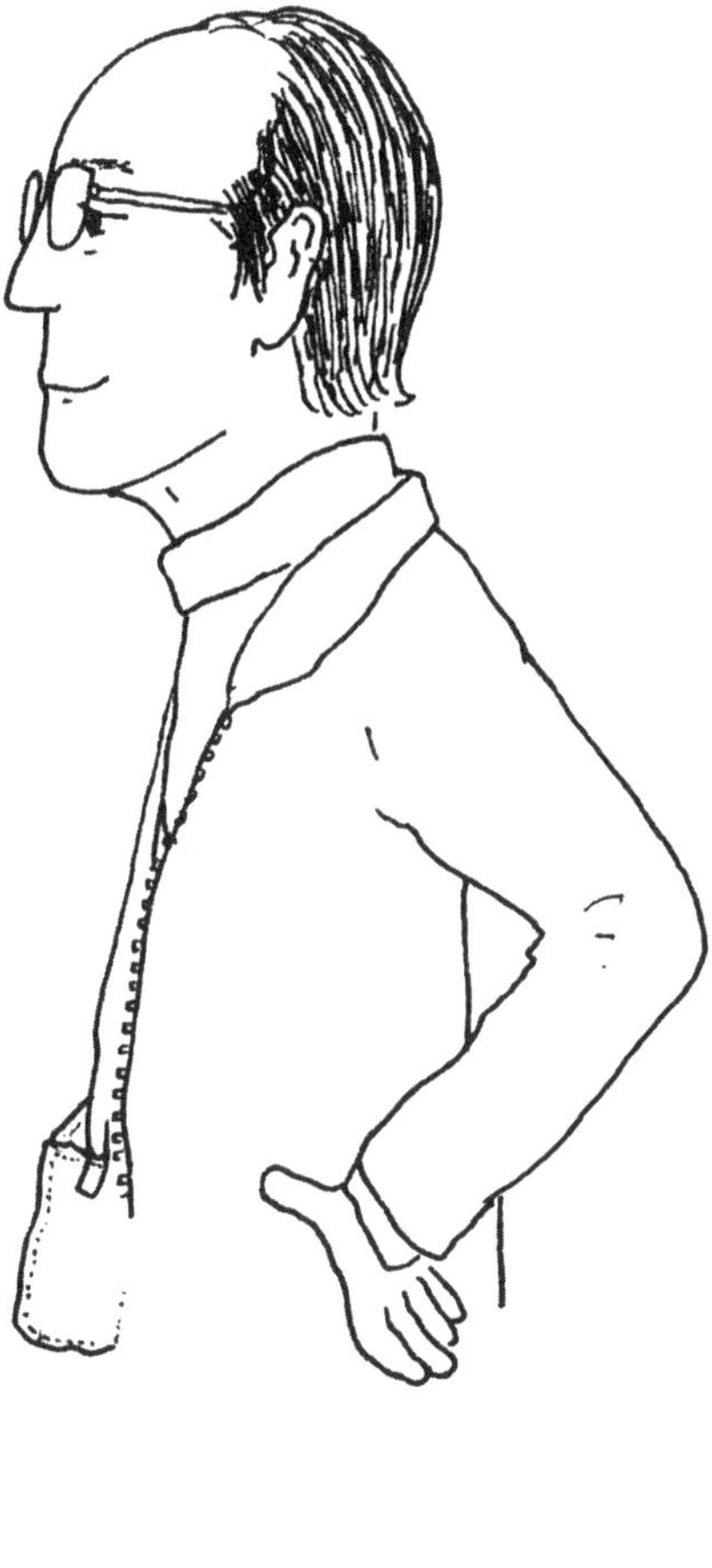

河《かわ》内《ち》紀《かなめ》

1940年東京生まれ。早稲田大学を卒業後、62年TBSに入社。74年退社後、鈴木清順監督『ツィゴイネルワイゼン』『陽炎座』の音楽監督、キース・ジャレットのコンサート・ビデオの演出を手がけた。また、テレビ・ラジオでドキュメンタリーを制作しギャラクシー大賞など多くの賞を受賞した。『ベニヤの学校』（晶文社）『ラジオの学校』（筑摩書房）、『古本探偵』『解体旧書　古本探偵２』（北宋社）などの著書がある。

『彷書月刊』を読みはじめた一九九〇年代後半。河内《かわち》紀《かなめ》という、池内《いけうち》紀《おさむ》のそっくりさん（ごめん）みたいな名前のヒトが「うーむ、なるほど」という不思議な連載をやっていた。文庫本の書き込みをもとにその本を手放した人を推理したり、台湾美術展の新聞記事のスクラップを読んだり、あの杉浦茂と同姓同名の、でもやはり漫画家の杉浦茂のことを調べたりと、一冊の本の内容だけでなくその外側にずるずるとハミだしていくものだった。「その本が出版されたときに背負っていたもの。それを嗅ぎつける」ことを、学問的に追及するのでなく、あくまで「あそび」として愉しんでいるトコロがあって、このヒトはいったい何者なのか、と思った。

　その後、河内さんがかつてTBSラジオにいて、現在はテレビ番組制作会社にいること、鈴木清順の映画『ツィゴイネルワイゼン』（一九八〇）の音楽監督だったことなども知り、ご本人とときどき古書展で顔をあわせるようになったのだが、それでも僕にとって未だ不思議なヒトであることは変りがない。ちょうど、『ラジオの学校』（筑摩書房）という新刊も出たコトだし、河内さんの話を聞きに行こう。『ツィゴイネルワイゼン』の頃から知り合いだという月の輪書林の高橋徹さんも誘って。

　三人が集まった場所は、三軒茶屋は三宿交差点の辺りにある「江口書店」だった。河内さんが『古本探偵』（北宋社）の献辞に「江口書店とその古・雑本たちに――」と書いた。あの店である。

三宿の古本トライアングル

河内　どうも、どうも、遅れちゃって。

南陀楼　ついさっき来て、棚を見てたところです。

高橋　やっぱり江口さんはイイ本あるよなあ。あ、これ買います。

河内　京子さん、じゃ上をお借りしますね。

（トントンと三階まで上がって座敷へ）

南陀楼　あ、仏壇がある。江口了介さん（二〇〇一年逝去）の写真ですね。

河内　これ、岡崎（武志）さんが撮った写真（笑）。イイ写真でしょ。

南陀楼　さっきの方が娘さんですよね。じゃあ、江口さんに見守られながら、はじめましょうか（笑）。今回この場所を指定されたのは河内さんなんですが、江口書店にはいつから？

河内　この辺に引っ越してきたのが東京オリンピックの年（一九六四）だったから、もう四十年ですね。ここと三茶書房、山陽書店は家からすぐのところにあるから、ずっと通ってました。

南陀楼　それが、エッセイのタイトルにもなっている、いわゆる「三宿交差点ゴールデン・トライアングル」ですね（『南部支部報』第三十八号、二〇〇三年十月）。三茶書房が休業したあとは、古書いとうがやってきたという。

河内　それで「ゴールデン・トライアングル」が復活した。だから、ここからは引っ越せない（笑）。

南陀楼　『古本探偵』で、沖野岩三郎の『長編童話集』と、河合裸石という人の『薩哈連《サガレン》の旅』という本を、同じ古本屋の棚で見つけて、同じ人から出た本ではないかと推理していく話がありますよね？　あれは、江口さんで見つけたんですか？

河内　そうそう。江口さんにはほぼ毎週通っているでしょ。そうすると、どこにどんな本が並んでいるかはだいたい頭に入っている。新しく入った本はすぐ判るから、これとこれは同じところから出たんじゃないかと推理するのが面白いんです。間違っているかもしれないけどね。

　でも、高かったら買えません。裸石は、いま結構高くなっているんですが、江口さんだと、高くても千円とか千五百円だったから。江口さんは、店内にかならず格安の本を置いてました。たとえば雑誌『婦人世界』のバラ一冊二百円とか、アテネ文庫一冊十円とかね。古本屋に入って手ぶらでは出にくいでしょう。そういう客がなにか一冊買えるようにしてあるんです。だから、そういうのは買い占めないようにしています（笑）。

高橋 謙虚ですねえ。

河内 というか、店に入って手ぶらで出るのって寂しいじゃないですか。その気持ちが判るから。

南陀楼 さっきの裸石もそうなんだけど、河内さんの文章には、その本をもともと持っていた人が誰なのかを推理する話が多いですよね。本の書き込みや、貼込帖（スクラップブック）もよく出てくるし。

河内 古本屋が新刊書店と違うところは、人が読んだ本を扱うところでしょう。だから、誰かが読んだ「読み跡」が残っている。そうやって人の手を渡りながら、時代の中を転がって来た不思議さっていうか。そういうことを考えるのが好きなんです。ま、時代を読むっていうのかな。

南陀楼 『古本探偵』を読んだときに、僕はびっくりしたんですが、版面に赤字校正みたいな書き込みがある。四十ページの二カ所。普通だったら、版下の汚れが残っていると思うんだけど、この本のテーマがテーマだから、「あ、河内さん、ワザとやったな……」と（笑）。

河内　そんなの見つけたのは、あなただけですよ（笑）。アレは版元にお金がなかったから、図版の貼り込みも編集者と一緒にやったんですよ。そのとき直し忘れたんだな。写真もけっこう曲っていたりして、久しぶりに文集をつくる気分でした。

裏方がいちばんオモシロイ

南陀楼　河内さんって、小学生のときから文集をつくってたんでしょう？

河内　ガリ版でね。僕は一九四〇年（昭和十五）生まれで、戦後の民主主義教育の最中で育ったから、先生がそういうのをやりたがるんですよ。荻窪という土地は、映画館は二軒、古本屋さんも三軒あったしね。井伏さんや徳川夢声もいたし、お母さんたちを中心とした原水爆禁止運動の発祥の地でもあったんです。天沼《あまぬま》中学校に入ったのは一九五二年で、朝鮮戦争の直後。学校放送も盛んで、僕は放送委員だったから、そのころから放送用の台本をつくったりしていました。ＮＨＫラジオで三木トリローの『日曜娯楽版』（一九四七〜五一）や『ユーモア劇場』（一九五二〜五四）をやっていて……。

高橋　「冗談音楽」ですね。

河内 そうそう。三木トリローの番組ではかならず社会風刺ネタをやっていた。それをすぐに真似して、天沼中学校だから「アマチュウ娯楽版」というのを放送した。「ザクザク。何の音？ 保安隊が行進する音。ザクザクザク。何の音？ ◎◎先生のポケットに入っているパチンコの玉の音！」なんてやつ。

ガリ版刷りの学級新聞も出してたなあ。週刊で。スクープもあったんですよ。試験問題が盗まれたことがあって、それを一面トップで報じたら、発禁になったんですよ。

南陀楼 学級新聞で発禁ですか？

河内 全部回収しろっていわれたんだけど、朝のうちに校門で配っちゃった（笑）。ガリ版は刷ってすぐ出せるから、即時性はありましたよね。だから文集もたくさん出していました。

南陀楼 詩の文集も出したりして、すごく忙しい中学生じゃないですか。

河内 何か、忙しかったですよ（笑）。角川書店の角川源義の娘さんと文集をつくったこともある。彼女とは文学クラブで一緒でした。のちに辺見じゅんって名前で作家になりましたが。

南陀楼 辺見さんが同級生なんですか。いま、幻戯書房という出版社を経営されてますね。

河内　高校は別々になったんだけど、一緒に同人誌も出しました。『泰山木』って誌名だったかな。僕は放送劇を書いて、辺見さんは小説を書いたと思う。角川源義さんは荻窪の南口に住んでいて、源義宅は僕らのたまり場になっていた。真夜中に行っても「おう来たか」みたいな感じで、酒や煙草をすすめられる。ときどき源義さんが自分で打ったうどんをご馳走してくれた。これが美味しいんですよ（笑）。その同人誌は角川さんが印刷所を紹介してくれたので、活版印刷で出せました。でも、一号で終わったはずです。

高橋　それは河内さんも持ってないんですか？

河内　うーん、どこかにあるとは思うけど……。箱の中に押し込んじゃったから、永遠に出てこないかも（笑）。大学に入ってから、『骰』という同人誌も出しました。そこには、宮本武蔵が梅の花と交わって子どもを作るという短編を書きました。

南陀楼　大学は早稲田大学ですよね。高校は？

河内　早稲田の高等学院です。入学したときは早稲田にあったんですが、翌年（一九五六）に上石神井に移転しました。学院時代で覚えているのは、昨年亡くなったフランス文学の窪田般彌さんにフランス語を教わったことです。窪田さんも荻窪に住んでいたので、ときどきお会いました。大学に入ってからのことですけど、窪田さんが石川淳と飲むというので、ついて行ったこともある。石川淳なんてろくに読んでないのに(笑)。ただかしこまってお酒飲むだけだったけど。でも、文士ってあんまり好きじゃなかったね。

南陀楼　それはどうしてですか?

河内　どうしてですかねえ……。わりと昔からそういうところありましたね。文士っていうのは恋愛を書くじゃないですか。ああいう照れくさいことを書くのが判らないというか。だから、僕はほとんど小説は買わないんです。もうひとつは、エライ人が好きじゃないってことかな。子供のときからそういう性質でしたよ。副級長はまだしも級長なんかになりたくないっていう。僕は「裏方」にいる人が好きなんですよ。教科書や年表に載っている人よりは、そんなところに載るはずもない人のことが知りたい。本でも、表に出ている著者よりは、裏にいる編集者や装丁家のことが気になる。読んでいて、その影がチラッと見え隠れするのがいいんです。その見え方も、「こいつちょっと前に出過ぎだな」とか結構好みがうるさいんだけどね。自分の好みに合った裏方を発見すると、なんか無性に嬉しい(笑)。

南陀楼　前に『彷書月刊』の小出版社特集で、生活社のことを書かれてますよね(二〇〇二年二月号)。『暮しの手帖』の先取りみたいな『婦人の生活』シリーズを戦前戦中に出している。あの生活社の鐵村大二なんかもそういうタイプですか?

河内 そうですね。鐵村さんはもともとドイツ文学をやっていたし、表現者になりたい気持ちもあったはずなんですよ。だけど結局、自分ではものを書かなかったんです。書けたはずなのに書かなくて、いろんな本をのびのびと出していった。時局に乗ったところもあるし、評価が難しい人だと思うけれどもそんなにきれいごとだけじゃ生きていけないのは当たり前でしょう。あんまりこう正しいことばっかり云う人はかえってあやしいっていう気がするな。

舞台裏にいる人への興味はずっとあって、だから古本でも「雑本」に向かうんだろうね。それと、自分自身が恥ずかしがり屋なせいで、テレビの仕事でもカメラの後ろにいる方が好きなのね。じつは表に出ないことがいちばんオモシロイんです。

本から音を聴きとる

河内 僕はねえ、あんまり系統だったコレクションというのは持ってないんだけど、ひとつだけ意味があるかもしれないのが、沖縄のレコードなんです。沖縄には小さなレコード会社がたくさんあって、地元の歌手のレコードを出していた。レコード会社っていっても、時計屋さんですよ。

高橋　あ、時計屋さんがレコードを出すの?

河内　ようするに時計屋さんでは蓄音機を扱うでしょう。だから地方では時計屋さんでレコードを販売していた。たとえば、沖縄が本土復帰したとき(一九七二)、車が右側から左側通行になったでしょう。それに合わせて交通安全の歌が出るんです(TAKARA時計店制作、マルタカレコード発売)。「サー、安全安全、交通安全」っていうリフレーンのある(笑)。正統的な琉球音楽からいえば異端なんだけど、そういうのがオモシロイ。そういうレコードをたくさん買いましたよ。

沖縄には何度か行って、八重山の歌手の大工哲弘さんの家に泊めてもらったりしたんだけど、そういうときに時計屋さんなんかで買いました。

南陀楼　やっぱり肉声がお好きなんですね。だから、古本を読むときも、本の中の声や匂いを感じとるのが好きなんでしょう。

河内　そうなんですよね。何を求めて古本を買ってるかっていえば、声とか匂いとか、はっきりとは出てこない本音とかを見たり聴いたりしたいんでしょうね。だから「裏読み」みたいになって、上品な読み方じゃないと思うけど。でも、自分のそういう性質はもう変えようがないって、やっと開き直れる歳になりました（笑）。

音っていえば、宮城道雄の本が好きなんです。『雨の念佛』（三笠書房、昭和十）とか『夢の姿』（那珂書店、昭和十六）とか。彼の文章は耳の記憶、音の記憶が書いてあるんですよね。縁日に出かけて音の出るものばかり買う話だとか、宮城の親友だった内田百閒の部屋に入ると百閒がお札を勘定している音がしたとかね。百閒の文章にも、ちょっとした音の記憶や気配がよく出てくるでしょう。あれはもともと百閒の中にそういう性質があって、それが宮城道雄と付き合っていくうちに研ぎ澄まされていったんじゃないかと思ってるんです。

南陀楼　百閒といえば、『サラサーテの盤』を映画化したのが『ツィゴイネルワイゼン』ですが……。

河内　あの映画でも重要な要素になっていますよね。何度も屋根の上でパラパラパラパラって音がするでしょう。

南陀楼　ああ、すごく印象的ですよね。

河内　どんな意味があるのか、最後までなんだか判らないんだけど。あの映画はじつは音が主人公なんですよ。サラサーテの曲はもちろん、それ以外にもいろんな音が出てくる。コンニャクをちぎる音とかね。

南陀楼　クレジットでは河内さんは音楽監督になってますね。

河内　音楽もやりましたけど、むしろどういう音を付けるかに熱中しました。海岸の砂に埋められた男（麿赤児）が殴られ頭から血が噴き出すところで、音効さんはブシュ、ピュー！　というすさまじい音をつけていたんですが、僕はそれをポンポンという鼓の音に差し替えちゃった。それで音効さんが怒った怒った（笑）。夜中にスタジオの外にある公園に呼び出されて、三人ぐらいから「俺たちがあの音を入れるのにどれくらいかかったと思うんだ」って詰問された。あのときは殴られるかと思ったね。最後は「清順監督の狙いです」ってごまかしたんだけど（笑）。

高橋　そんなことあったなんて、知らなかったなあ（笑）。

南陀楼　この映画は、高橋さんもスタッフだったんでしょう？

高橋　僕は宮下君っていう友達の紹介で、美術助手として入ったんです。とにかく、タダでもなんでもいいから、映画の現場に入りたいって思っていたから。

河内　あの映画は、照明が足りなければそっちを手伝うし、小道具がいなければ誰かがやるっていうふうに、みんなが何でもやるんですよ。誰もこの作品で賞を取るなんてまるで考えてなくて、とにかく鈴木清順が十年ぶりで映画撮るんだし、好きにやってもらおうという……。そういう、まあかっこよく云えば志みたいなものが一点に集中したような変な現場だったね。

南陀楼　二人はそのときに会われているんですか？

高橋　僕は下っ端だったから、挨拶ぐらいだったけどね。その頃は、河内さんがどういう人か全然知らないわけだし。ただ、いまでも覚えているのは、映画の現場では「おはようございます」と挨拶するんです、朝でも夜でも。でも、河内さんが昼間に来たときに、その例にならって「おはようございます」て云ったら、「こんにちは」って返されたんですよ。ああ、この人は違うなあと思って、いまでも印象に残ってる。

河内　文士と同じで、そういう「映画屋」っぽい云い方もイヤだったからなんです。

南陀楼　そういうパターンをなぞるのが？

河内　うん。映画をやっても映画屋にはならねえぞって。ジャズミュージシャンと付き合っているときも、連中はコーヒーを「ヒーコ」とかコーラを「ラーコカーコ」とかいうじゃないですか。それを真似することだけは絶対にしないって、決めてました。だから、古本屋さんと話すときも、シロっぽい本とかクロっぽい本とか、ああいう符丁みたいなコトバを絶対に使うもんかって思う。平気でそういう云い方している人を見ると、ぞっとする。

高橋　ヤバいな（笑）。

河内　いや、古本屋さんが使うのはかまわないよ。それが仕事なんだから。でも、ただの客が話すのはおかしいでしょ。古本屋さんと知り合いになったからって、自分はやっぱり客なんだから、古本について知ったふうなことを云いたくないと思っているだけなんです。

カミサマに報告

南陀楼　今度の『ラジオの学校』（筑摩書房）にも出てきますけど、河内さんがＴＢＳラジオを辞めたのが一九七四年ですね。在社中には文章を書かなかったんですか？

河内　それが下川耿史さんと『随筆サンケイ』（サンケイ新聞社）でやったのがあるんだけどね……。

高橋　『日本エロ写真史』（ちくま文庫）を書いてる人。

南陀楼　ああ、最近は『明治・大正家庭史年表』（河出書房新社）などをやっている。

河内　下川さんは『随筆サンケイ』の編集者だったんですよ。

南陀楼　下川さんって、編集者だったんですか？　知らなかった。『随筆サンケイ』はもともと『随筆』という誌名で、徳川夢声や辰野隆が編集同人だった雑誌でしょう。

河内　そう。その教養と知性あふれる雑誌で、僕らみたいな連中に書かせて、だんだんダメな雑誌にしたあげくツブしてしまった。立派な編集長です（笑）。大学で同じ映画製作サークル（稲門シナリオ研究会）だった田中陽造（脚本家）、大和屋竺（映画監督）、美術クラブで一緒だった辰巳四郎（イラストレーター、二〇〇三年死去）も書いてるし、日本のミイラの研究家でもある内藤正敏が写真を撮ったりしてる。そうやって下川さんに仲間をいもづる式に紹介したり。あと、ときどき挿し絵も描いてますよ。

南陀楼　そりゃ初耳です。『随筆サンケイ』探さなきゃ（笑）。それで、退社の二年後に、『ベニヤの学校』（晶文社）を出すんですね。

高橋　あれは名著ですね。まだ手に入るんでしょう。

河内　絶版にはしないようにと小野二郎さんが決めたリストに入っていると聞かされましたけどね。だから、いまでもいちおう新刊書なんですよ。

ところで、TBSを辞める前に、相談した人が三人だけいるんです。まず、小沢信男さんでしょ。添田知道さんでしょ。あとは「カミサマ」と呼ばれる津軽の祈禱師のおばさん（笑）。じつはカミサマに会いに行ったときは、もう辞表は提出済みだったんだけど、まあ、報告に行ったというところです。

南陀楼　小沢さんはどうして？

河内　自分で勝手に決めたお師匠さんだから。おそらくいまだに入門は許されていないと思いますけど。小沢さんの小説集で『わが忘れなば』（晶文社）という本があるでしょう。僕にとって、この「わが忘れなば」は大切なコトバなんです。ラジオで取材していると、自分だけが聞いた話で放送できなかったことがたくさんある。それを忘れないでいるにはどうしたらいいかって、ずっと考えていたから。小沢さんの返事は忘れちゃったけど、「好きにしろ」って云われたと思う。

南陀楼　添田さんに会ったのは、演歌の仕事を読んでということですか？

河内　いや、違うんです。添田さんには『教育者』（全四部、一九四二〜四六）という教師を描いた小説があるので、『ベニヤの学校』を書いているときに会いに行ったんです。添田さんは、「俺んとこに来るやつはみんな演歌の話ばかり聞きたがるが、『教育者』の話を聞きたいというのはお前だけだ」と云って、会ってくれたんです。いや、本当を云うとね、全巻は読み終わってなかったんだけど（笑）。あの本は長いし、難しいし。あとになって全巻が玉川大学出版部から出るんだけど、その頃は版元がバラバラだったということもあります。

で、添田さんに辞めたんだって云ったら、「うん、まあ、辞めるのもいいんじゃない」って云われた。いま思えば、僕は誰かに辞めて良かったねって云われたかったんですね。添田さんは、「そんなマスゴミにいたってしょうがないだろう」なんて云う。

南陀楼　マスゴミ（笑）。

河内　「だからゴミ掃除をするってことにすりゃあいいんじゃないの」とか、そういうふうに云ってくれるわけ。それですっかりいい気持ちになって、しばらくは毎日のように添田さんのところへ通ってた。「自転車で近いですから」って云ったんだけど、ホントはそんなに近くないんですよ。でも云っちゃった手前、がんばって自転車で通っていた。

高橋　そういうところは律儀（笑）。

河内　行ってもべつに話をするわけじゃなくて、ただ座って一緒に添田さん手づくりの果実酒を飲んでいる。あの人は紙屑を捨てない人なんで、広告の紙でつくった袋に殻付きのピーナツを入れて、それを食いながらかりん酒なんかを啜る。で、一時間ぐらいいたら気が済んで帰るんです（笑）。『ベニヤの学校』が出たときには、添田さんが出していた雑誌『素面』に書評を書いてくれました。

南陀楼　『素面』には河内さんも書いてますよね。

河内　「ラッパ節流転（序）」です（第五十八号、一九七八年三月）。ラッパ節といえば、作詞家の西沢爽さん（二〇〇〇年に死去）はラッパ節で博士論文を書いているんですよ。

高橋　『日本近代歌謡史』（上・下・資料編、桜楓社）という恐ろしく厚い本がありますね。

河内　あれが博士論文なんです。西沢さんは「からたち日記」（島倉千代子）などの歌謡曲の作詞で稼いだカネを、すべて古本につぎこんだ。僕は『ドキュメント日本の歌一〇〇年～明治・歌の文明開化～』（ＮＨＫＢＳ、一九九七）をつくるために、晩年の西沢さんの家に通ったんだけど、もう階段からずうっと本が置いてあって、古書値段にしたら一万円くらいしそうな演歌の本がそこらじゅうに散らばってる。敷きっぱなしの寝床の回りにも錦絵や木版の本が積み上げてあって。

結局、西沢さんの目的は、添田さんの演歌史を崩すことにあったんです。つまり演歌は自由民権の歌だとされているけどそれは間違いで、ほとんどは芸者遊び、色ごとの歌だというのが彼の主張だった。だから、西沢さんの前で添田さんの名前を云っちゃあいけないんですよ。うっかり僕が添田さんと知り合いだって云ったときは、怒りを静めるのが大変でしたよ（笑）。

南陀楼　怖いなあ。

河内　でも、僕は西沢さんが学者でないところが好きだった。ご本人は学者になりたかったんだろうけど、コケの一念で資料を集めちゃったのはいいけど、その先どうしていいか判らないというところが気に入ってました。

南陀楼　やっぱり、何者かになりたくてなれなかった人が好きなんですね。

古本屋のありがたさ

河内　今日は、江口さんの部屋をお借りしたのは、すごくいい話があって、ホントに江口書店店主の京子さんが自分で話せばいいんだろうけど……。数カ月前に、店にひとりの少女が入ってきたんだって。その女の子が京子さんに、「心にしみる本はありませんか?」と訊いたんだって。

南陀楼　ドラマみたいな話だなあ(笑)。

河内　嘘みたいな話なんだけど、本当なんですよ。それで、京子さんはドギマギしちゃって、あれこれ考えて、O・ヘンリーかなと思って探したんだけど、店になくって、うろたえて『アウシュヴィッツの子どもたち』という本を出したそうです。女の子はそれを買って帰った。しばらくしたらまた来たので、京子さんが「どうでした」って訊いたら、「アウシュヴィッツっていうのを初めて知ってびっくりしました」って感動していたそうです。

それで彼女が「次に何を読んだらいいですか?」って訊くから、「何が読みたいの?」と云ったら、「シェイクスピアってどういう人ですか?」だって(笑)。

南陀楼 難しい質問だなあ(笑)。

河内 京子さんはまた絶句しちゃって、シェイクスピアは演劇の脚本を書いた人でって説明して、『ロミオとジュリエット』を渡したんだそうです。で、次は何を云ってくるか気になるでしょう? 僕は「サリンジャーがいいんじゃないの」って云うんですが、京子さんはまだO・ヘンリーにこだわってる(笑)。まだその子は来ないんだけど、いま京子さんと僕はドキドキしてるんです(笑)。こういうところが古本屋さんのオモシロイところだよね。これが新刊書店だったら店主に相談なんかしないでしょう。

だから、世の中に古本屋さんが存在してくれてよかった、嬉しかったたって人はたくさんいると思うな。こんなに感謝されるなんて、珍しい職業だよね。

高橋 そうかもしれない(笑)。

河内 こんなに楽しませてもらって、ただ買ってるだけでいいのかなっていう気がするんだけど。文部科学省とかそういう機関が運転資金ぐらいは無利子で出すとかしないと、いけないものじゃないかと。

南陀楼　そこまで心配するんですか（笑）。

河内　いや、そうでないと、どんどん本の値段上げるしかなくなっちゃうんじゃないですか。そうすると、僕らが買いにくくなって、困る……（笑）。だからこの先、古本屋さんがやっていけるために何ができるかなって、いつも思うんですよ。僕が考えたってしょうがないけど。

高橋　河内さんが買ってくれるだけでアリガタイですよ（笑）。

南陀楼　コレクターでも学者でもない、河内さんこそ不思議な存在ですよ（笑）。昨年、『サンパン』（第三期第五号）に「雑書・雑本探検目録」という文章をお書きになったとき、末尾の近況報告で、「魯庵の『文学者となる法』をもじった『何者にもならぬ法』を実践中」とあったのを読んで、河内さんらしいなあと笑ってしまいました。

河内　『文学者となる法』は、じつのところ、「文学者とならぬ法」を説いているわけでしょう。文学者の中にいながらその空気に染まらないというのが、魯庵の生きかたなんです。逆に何者かになってしまえばラクになるかもしれないけど、あえてそうしない、という。

自分の意識としては、べつにあれこれやっているつもりはなくて、同じことをやっているつもりでいるんです。でも、他人からはよく判らない存在ではあるでしょうね（笑）。もともと放送っていう商売が、なんでも屋みたいなところがあるんです。クロード・モネの番組を撮ってるときはモネになりきるし、いまやっている横綱・大鵬のドキュメンタリーでは大鵬になりきる。でも、最終的に「何者でもない」ように自分を処する。これってあんがい難しいことなんですよ（笑）。

［江口書店にて／初出『ｓｕｍｕｓ』十二号、二〇〇四年五月］

「その後」河内紀

「江口書店」は元の場所で健在の様子ですが、私の方は、ＴＶ番組制作会社を退職、二〇〇七年より神奈川県平塚市に転居しております。箱根駅伝の選手たちが走る海沿いの道、一三四号線からわずか五分のところ。そして、なぜか、これも江口書店と縁のある、村井弦齋の旧宅跡に作られた「弦斎公園」も徒歩数分のところにあります。明治のベストセラー、村井弦齋著『食道楽』の第一巻「春の巻」を見つけたのが江口さんの店先。綴糸が一部切れ題箋も剥がれていましたが値段は三十円。同じ台に雑誌『婦人世界』も数冊あり、こちらも口絵ページ無しの状態でしたが一冊一五〇円也。弦齋の「武州御嶽山に於ける私の穴居生活」が載っている大正二年一月号（十六巻二号）もそこに……。ということで『食道楽』以前以後〜明治の実用小説家・村井弦齋の夢」を『月刊百科』（平凡社）へ連載させてもらうことになったのが一九八七年。

さて、それから三十年が過ぎ、現在、公園で開催される平塚市の「弦斎まつり」会場で、弦齋夫人考案割烹着（再現）を着用、「偽・弦齋」としてボランティアを務めております。

私の見てきた古本界七十年

二〇〇三年十月十八日
聞き手　岡島一郎（立石書店）・松川慎（西村文生堂）・向井透史（古書現世）・南陀楼綾繁

八《や》木《ぎ》福《ふく》次《じ》郎《ろう》

1915年兵庫県明石市生まれ。33年旧制加古川中学校卒業後、上京して古今書院に入社。36年より月刊誌『日本古書通信』の編集に携わり、63年より日本古書通信社代表取締役をつとめた。「神保町の生き字引」「ミスター神保町」の愛称で多くの愛書家に親しまれた。『古本屋の手帖』『古本蘊蓄』『書痴　斎藤昌三と書物展望社』（以上、平凡社）など著書多数。2012年2月8日、96歳で亡くなられた。

『日本古書通信』の八木福次郎さんといえば、戦前から現在までの古書界をよくご存じの、いわば「生き字引」的な存在だ。八木さんは昨年（二〇〇三年）、八十八歳となられたが、現在でも毎日神保町の編集部に出勤し、毎号の記事を書かれている。おそらく、最長老の「生涯現役」編集者だろう。米寿を記念して、これまでの著書から選んだ『書国彷徨』も出版された。

一昨年の秋、『東京人』の取材でお会いして以来、僕は八木さんが話してくれる古書店や愛書家のエピソードと、その語り口に魅せられた。すでに著書にお書きになっているエピソードも聞いたが、直接対面しての語りには、文章とはまた違う、ざっくばらんで生き生きとした調子があった。その語りを聞き書きしてみたい、と思った。

どうせ、お話を聞くのであれば、聞き手が一人だけなのは勿体ない。そこで若手の古本屋さん三人（といっても、それぞれキャリアのある人たちだが）に同席してもらった。若い人たちを目の前にしてか、八木さんの青春時代の回想（棒高跳びをやっていたことなど）が聞けたのは収穫だった。

インタビューは昨年十月のある日に行われたが、あまりに興味深いお話にあっという間に五時間が経ってしまった。しかし、八木さんはまったく疲れた様子もみせず、その後、行きつけの喫茶店「さぼうる」に場所を移してからも、二時間ノンストップで語り続けた（最後には、聞き手の四人が先にダウンしてしまったコトを告白しておく）。

そのときの場の愉しい雰囲気が、少しでも伝わればいいと思う。

卒業してすぐ東京へ

南陀楼　八木福次郎さんが昭和八年（一九三三）に上京されてから、今年（二〇〇三）でちょうど七十年経つんですよね。その頃から現在までずっと古書業界をご覧になってきた方は、ほかにはいらっしゃらないんじゃないかと思います。

一方、今日は聞き手として若手の古本屋さんにも参加してもらってるんですが、だいたい皆さん十年ぐらいのキャリアですか？

向井　そうですね。

南陀楼　だから、八木さんとは六十年ぐらいの開きがあるんだけど、古本を扱う仕事という立場は共通しているわけです。僕みたいに古書業界の外にいる人間とは違って。最近、反町茂雄編『紙魚の昔がたり　昭和篇』（八木書店、一九八七）を読んだんですが、これも聞き手として、反町さんのほかに、当時の若手の古本屋さんが同席して、ときどき質問するんです。その雰囲気がなかなかいいので、真似させてもらったという感じです。

じゃあ、まず出席者を紹介します。

八木　古書会館なんかでみなさんの顔は知っていても、いちいち名前を聞かないもんだから。ええと、あなたが……。

向井　早稲田の古書現世です。二代目の向井透史といいます。

松川　松川慎です。自由が丘の文生堂書店でミステリ・探偵小説の目録をつくっています。

八木　で、あなたは……。

岡島　立石書店の岡島一郎と申します。立石にある岡島書店の息子です。

八木　で、私は『日本古書通信』（以下、『古通』）の八木です。

一同　はい（笑）。

南陀楼　それでは、そもそもどういうきっかけで古書業界に入られたか、ということからお聞きしていきましょう。

八木　私は兵庫県の明石の出身です。といっても、もともとは加古郡で、明石は明石郡、郡は違うのですが、戦後に明石市に合併されたんです。だから、中学（旧制）は加古川中学校（現・加古川東高校）です。そこは進学校でね、たいがいの連中は進学したんですが、私は勉強があまり好きでなかったから、昭和八年三月に卒業すると、その四日後には東京へ出てきたんです。

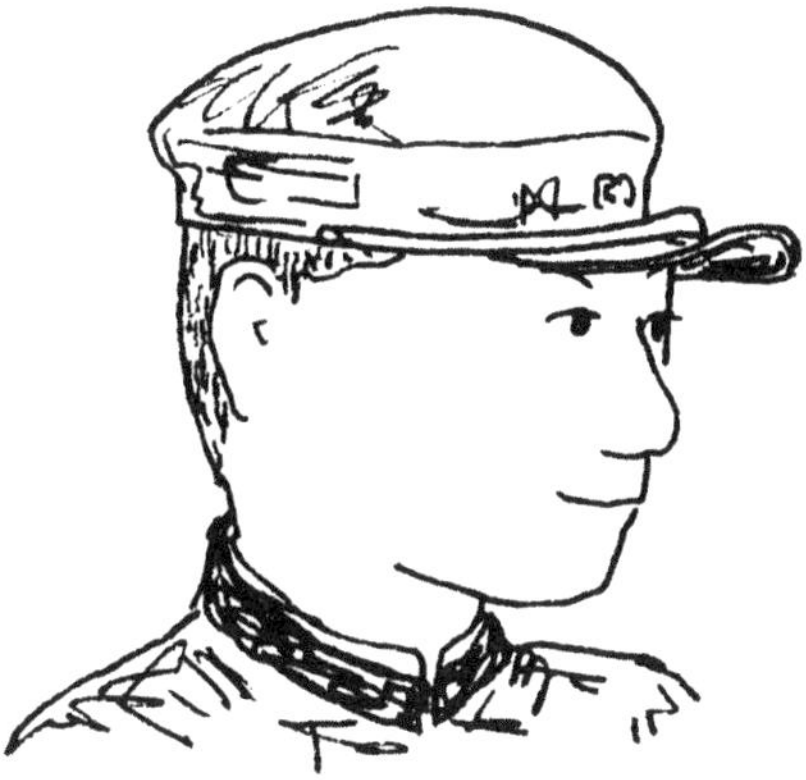

向井　何か、仕事が決まっていたんですか？

八木　それはね、私の兄が神保町の一誠堂書店にいたんですよ。

南陀楼　八木敏夫さんですね。

八木　その頃、兄は一誠堂の番頭級で、その先輩が反町茂雄さんです。兄は反町さんに、「弟を東京に呼びたいんだけど、どこかいい勤め先はないか」と相談して、駿河台にある古今書院という学術書の出版社を推薦してもらいました。創業者の橋本福松は岩波書店に勤めたのち、大正八年（一九一九）に独立したんです。

その古今書院で、『人文地理学提要』（一九三〇）や『村の人文地理』

(一九三三)などの本を出した、佐々木彦一郎という地理の先生がいました。この佐々木さんが反町さんの二高(仙台)時代の親友だったんです。それで反町さんが佐々木さんに相談した結果、古今書院に勤めるというお膳立てになっていたんですな。

岡島 どうして古本屋じゃなくて、出版社だったんですか?

八木 反町さんも、はじめは出版をやりたかったんです。それで岩波書店の岩波茂雄に相談しているんですよ。そうしたら、岩波に「出版をやるんなら、その前に古本をやった方がいい」と云われたそうです。私の場合は逆ですけど。

南陀楼 それは、古本屋を経験することで、出版のしくみが解るっていう意味ですか?

八木 仕組みよりもね、何が売れるか売れないか、あるいは何が読者に求められているかということを、古本屋がよく知っているということですよ。だから、はじめから出版の世界に入るよりは、古本屋で勉強してから出版に入ればいいんじゃないかって薦めたんです。

南陀楼 岩波書店もはじめは古本屋だったわけですからね。

八木 反町さんはそれで、昭和二年(一九二七)に一誠堂へ入った。でも結局、出版屋よりも古本屋のほうが面白くなって、そのままずっと古本屋をやるわけですよ。
私の兄は、神戸の福音舎という新刊書店で小僧をやっていたんです。兄は東京に出たいと思って、一誠堂に手紙を書きました。それを見た反町さんが関西に来たときに兄と会って、一誠堂に入れてくれることになった。それが昭和四年（一九二九）です。だから、兄弟そろって反町さんに世話になったわけで、あの人には頭が上がらなかった（笑）。

一誠堂と長岡

南陀楼　上京されて、どこに住んだんですか？

八木　三月に卒業して、その四日後には夜行列車で東京へ出てきて、まず一誠堂の支店に泊めてもらいました。いまの「書泉」が一誠堂の支店でした。

南陀楼　書泉グランデのことですか？

八木　ええ。その二階が店員の宿舎でした。兄もそこで寝泊りしていました。兄はそのときは番頭だから、二人部屋でした。一緒にいたのが小島さんで、のちに名古屋で東静堂を開業します。その小島さんに別の部屋に入ってもらって、私は兄の部屋に二日泊めてもらいました。

向井　古書業界には一誠堂出身の人が多いですが、その当時から住み込みの店員さんが何人もいたんですね。

八木　まあ、何年かいると独立するから、同時に何十人もいたわけじゃないですよ。でも、いちばん多いときには十五人くらいはいたんじゃないですか。仕事用の自転車が店の前にいつも十台以上置いてあったと云いますから。

岡島　一誠堂初代の酒井宇吉さんが新潟県出身ですよね。だから、一誠堂から出た古本屋には新潟出身が多いそうですが、あれは、戦前からそうだったんですか?

八木　酒井さんが出た新潟県の長岡っていう所は、出版にしても古書にしても、本とは非常に関係があるんです。出版社では第一書房の長谷川巳之吉、目黒書店の目黒甚一、研究社の小酒井五一郎……、みんな長岡の人ですよ。なかでも、いちばん有名なのは博文館ですよ。

南陀楼　大橋佐平ですね。

八木　岩波出身で、出版のほうでは有名な布川角左衛門さん、この人も長岡出身なんです。「出版界の大久保彦左衛門」と云われる布川さんと、古本界の大御所の反町さんが、同じ明治三十四年（一九〇一）に長岡で生まれるんです。で、やはり明治三十四年に大橋佐平が亡くなるんです。しかも、佐平の娘婿の大橋乙羽（本名・渡辺又太郎）、この人は米沢出身ですが、明治三十四年に若くして亡くなるんですよ。

南陀楼　うーん、面白い偶然ですねえ。

八木　だから、たしかに一誠堂は新潟県の出身者が多いけれど、全員がそういうわけじゃないんです。私の兄は明石出身だし、一誠堂に長くいてのちに山田書店を開業する山田朝一さんは山口県出身ですよ。ほかにもあるでしょう。

南陀楼　『荷風書誌』（出版ニュース社、一九八五）をまとめた人ですね。

八木　とにかく、初代の酒井宇吉さんは、なかなか太っ腹な人でした。反町さんを絶大に信用した。好きなようにやらせた。先輩の店員もいたのですが、仕入れや販売方法も反町さんのやり方を採用し、ほかの店員もそれに従って店の成績を伸ばしていった。反町さんも酒井さんの信頼に応えて働いたようです。勉強会を組織してリードしたりして。

刑事に捕まる

八木　上京してから、酒井さんに挨拶をしてから、まず本郷に行ったんです。その頃、反町さんは一誠堂を辞めて弘文荘を始めていました。それは、西片町に移る前で、森川町の借家におられた時代です。その近くに、佐々木彦一郎さんも住んでいたんです。そこに、東京に出てきたという挨拶に行きました。

そのとき、神保町の一誠堂の前からバスに乗って行ったんです。行きは帝大の正面前で降りたけど、いざ帰ろうというときにバスの停留所が判らなくなってしまった。僕の田舎じゃあ、その辺のどこでも手を挙げたらバスが停まってくれるんですよ。だから、そのときも、バスが来たらこうやって手を挙げてたのよ（笑）。でも、停まってくれないんだよね。

一同　そりゃ、そうでしょう（笑）。

八木　あぁ、東京のバスは不便だなと思いながら、しばらくやってたの（笑）。そうしたら、刑事らしい男が、制服は着ていないから刑事だと思うんだけど、やって来て、僕に聞くんですよ。君はなにをしているんだ、とかね。

松川　不審尋問されたんですか！

八木　でも、東京に来たばかりだから、名刺も身分証明書も何も持ってないんですよ。でも、何とか説明して、関西弁だから関西のどっかの田舎から出てきたんだなということで済んだんです。それで、こんなことしてたんじゃまた捕まるなと思ってね、大体の方角は判っていたから、歩いて神保町まで帰りましたよ。それが東京へ出て来て最初の思い出です。反町さんや佐々木さんに会ってどんな挨拶したかも全然憶えてないのに、刑事に捕まったことだけははっきり憶えている（笑）。

古今書院で働く

八木　それで翌日から古今書院に入って、住み込みで働きました。厚司の襟に屋号が書いてあるのを着て、コールテンのズボン履いて、板割り草履という格好で……。出版社みんながそういう格好じゃなかったかもしれないけど、古今書院ではそうでした。

南陀楼　そこで手掛けられた仕事はどんなものでしたか？

八木　いや、僕なんかはもう、使い走りですよ。帝大地理学教室にあった日本地理学会の『地理学評論』（一九二五年三月創刊）を古今書院で発行していて、その担当だったから、毎日のように帝大に通いました。さっきいった格好で自転車に乗って。

そうすると、加古川中学を一緒に卒業したクラスメートが帝大に入っていて、構内で出会うんですよ。それで図書館の前にある藤棚の下で、座って話し込んだりしたことがあります。

南陀楼　いまもある藤棚ですか。あそこにベンチがありますからね。

八木　うん。早稲田へ入った友人が古今書院に訪ねてきたこともありましたよ。いまから第一書房の春山行夫に会いに行くんだ、なんて云って。だけど、僕は別に彼らに対して劣等感を持つとか、大学に行った友達をうらやましいと思う気持ちはあまりなかったですね。

それよりも困ったのは言葉です。関西弁ですからね。その頃、エンタツ・アチャコの漫才が東京へ進出してきて人気があったんです。だから、僕が話すとすぐ「お前の喋り方は漫才だ」って云われました。いまは関西弁だからって気にしないでしょう。

岡島　むしろ、積極的に関西弁を使う人もいますね。

八木　その方が他人に印象づけられるからね。だけど、僕はそんな大それたことなんか考えないですよ。一日も早く東京の言葉を覚えて、なんとか溶け込もうという感じでしたね。

古今書院では、事務室の中央にテーブルがいくつもあって、いちばん奥が編集長で、こちらに三人、向こう側に三人という風に座っていた。電話は柱に付いていたんですが、のちにはテーブルの中央に置くようになりました。その電話が鳴ってもだれも取らないんですよ。しかたがないから、新米の僕が取って、「なんでっか？」と（笑）。そうすると、向こうは聞きかえすんです。顔は真っ赤になるし、嫌だったですよ。電話のベルが鳴ったらドキッとしました。

岡島　八木さんの『書国彷徨』に、言葉を直すために方言に関する本を読んだって書いてありますが、どんな本だったんですか？

八木　『方言読本』などの方言の本ですよ。方言学会にも入りました。それから関係ないんだけど、何かあるかと思って柳田國男の「民間伝承の会」に入会したり。あんなもの読んだって、活字では全然参考にならない（笑）。言葉は直せても、アクセントはなかなか直らないんだから。

松川　よほど気にされてたんですね。

八木　でも、関西弁がかえってプラスになったこともありますよ。古書界に入ってからのことですけど。白石実三という作家がいたでしょう、田山花袋の下で、博文館の『文章世界』の編集もやった人です。『武蔵野巡礼』（一九一七）だとか『新版日本畸人伝』（一九三四）だとか、本もたくさん書いてますよ。その人の奥さんが森田思軒の娘さんなんです。

南陀楼　ベルヌなんかの翻訳者の……。

八木　そこに買い入れに行ったときに、白石さんの息子さんの奥さんが「あなた、関西ですね」って云うんです。そこから判ったんですが、彼女は僕と同郷で、子供のときに僕の妹と女学校で同級生だったんですよ。それで話がしやすくなって、うまく話が進みました。二葉亭四迷の原稿とかね、ずいぶん買いましたよ（笑）。

松川　関西弁が役に立った（笑）。

八木　二葉亭の原稿を古書目録に載せたら、中村光夫が注文してきましたよ。

南陀楼　ほかに古今書院の思い出といえば？

八木　僕と一緒に入社したんですが年上の田中という編集者がいてね、東大出身なんですが、その人が漫画家の近藤日出造と小学校で同級生だったんです。で、日出造がそれほど有名じゃなかった頃に、杉浦幸雄を連れて、ときどき古今書院に遊びに来ていました。僕もよく会いました。だけど、日出造がだんだんと有名になると、その田中さんはずっと出版屋の社員だから面白くなかったんでしょうね、あまり付き合わなくなったみたいです。

南陀楼　近藤日出造に「漫画集団に入れ」って云われたそうですね。

八木　入れてやるといってくれたんだけど、断りました。漫画は好きだけど、絵が描けないからねえ。でも、あのときまだ清水崑は漫画集団に入っていなかったはずだから、私が入っておれば清水崑より僕が先輩ということになったはずです（笑）。

僕は漫画家にはわりと縁があって、最初に上京したときの汽車の中で、大連の新聞に連載していた漫画家の橋本という人と話し合って、その後葉書をもらったことがあるし、戦後には宮尾しげをさんの関係で「古通豆本」を出すことになった。だから、あのときに思いきって漫画の勉強をして漫画家になっておれば、ずいぶん人生が変わっていたかもしれないですね。

それと古今書院には、僕が辞めたあとですが、評論家の福田恆存が編集者として入っています。しかし、古今書院では使い切れなかったらしいね（笑）。

古書界のストライキ

八木　古今書院の月給は、住み込みで八円でした。時間給じゃないですよ、月給ですよ（笑）。
南陀楼　いまの感覚では、いくらぐらいになるんですか？
八木　そうですねえ、まあ五十銭あったら日曜日一日遊べましたね。コーヒー一杯がだいたい十銭だったから。昼飯はトーストなんか食べて、本屋で五銭の雑誌を買って、喫茶店でコーヒーを飲んでケーキを食べる、映画を観る。それで夕方までは時間をつぶせました。

松川 じゃあ月給八円というのは、まあまあ良かったんですね。

八木 そうなるかなあ。ともかく、そういうもんだと思っていたから、給料が安いなんて不満はありませんでしたね。家から仕送りをしてもらったこともないし。

岡島 僕も、戦前に古本屋で働いていた人に聞いたら、あんまりお金の心配はしなかったっていうんですよね。

八木 昭和三年（一九二八）に、巌松堂がストライキやるんですよ。その要求には、賃上げよりも、休みを増やしてほしいという項目や、名前の後ろに「どん」を付けるのを止めてくれという項目があったそうです。名前呼ぶときに、「〇〇どん」と云う。このあと、巌松堂の向かい側にあった岩波書店でもストライキが起こり、一誠堂にも波及しました。私の知らない頃のことだけど。

松川 やっぱり「どん」て云われるのはイヤなんですかね？

南陀楼 しかも、要求の結構前の方に来ている（笑）。「どん」といえば、八木敏夫さんの呼び名は「高買いのトシどん」だったそうですね。

向井 かなり高く買ったんですか？

八木　そうらしい。いや、はっきり云うとね。相場を知らなかったんではないかと思いますよ（笑）。兄は一誠堂で一時、調査係のようなことをやっていました。それが『古通』の創刊に結びつくんですが。だから、仕入れるときも、市場の値段じゃなくて目録に出ている値段を基準に置いて、そこから何割かを引いた値段で仕入れてしまうんです。それで、どうしても高くなっちゃう。

それに、一誠堂が扱うのは切支丹版とか古写本のように高いものでしょう。だから相場にあまり関係がないということもあるんです。その本ならどのお客さんが買ってくれるかがはじめから判っていて、その人ならいくらまでなら買ってくれるかを基準にして仕入れるわけだから。

『紙魚の昔がたり　昭和篇』で、八木敏夫がこういうものを仕入れたって話をしているでしょう。あの中に出てくる漱石自筆の「猫」の死亡通知の葉書なんかは、じつは僕が仕入れてきたものなんです（笑）。そのほか何点かもそうです。

岡島　そうなんですか。

八木　でも、兄貴は僕によく「お前高買いだ」と云いましたよ（笑）。「高買いのトシどん」に高買いだって云われてた。私も古書目録などの売値から割り出した値段で仕入れていましたから。

露店の古本屋

向井　八木さんの回想を読むと、昭和十年代の神保町には露天の古本屋がよく出てたみたいですね。

八木　そうです。すずらん通りに露店が出ていました。だいたい四、五十軒ほどあったでしょう。ほとんどが古本です。「平日《ひらび》」、っていうのがね、毎晩出る露店なんですよ。「タカマチ」というのもあるんです。これは特殊な用語だけど、神社やお寺の縁日に出る露店です。この辺だとね、小川町通りにスポーツ用品屋のミズノってあるでしょう。その裏に五十稲荷《ごとう》というのがあります。いまは小さな祠だけど、昔はもっと大きかったらしい。そこでは、五と十のつく日が縁日なんですよ。そこに露店が出ましたけど、古本の店は少なかったようです。

南陀楼　じゃあ、その「平日」の方に古本屋さんが多かったんですか?

八木　いや、そうと決まっているわけでもないですが、神保町はやはり本屋街だから、すずらん通りの露店には古本屋が多かったですよ。露店というのは、一畳ぐらいの板の上に本を並べたり、ゴザか新聞を敷いて本を並べたり、後ろに座って売っているのもありました。でも、すずらん通りの場合は、なんか台があったような気もするんだけどね。畳一畳ぐらいの。そこへこうやって並べてね。

南陀楼　その人たちは、店舗がある古本屋さんとは違うわけですよね。

八木　なかには店を持っている人もいたでしょうね。昼間は店を開けて、夜になると露店をやるっていうようにね。露店を出すには権利がいるんです。そこを仕切ってる人がいて、場銭をとる。だから、勝手に店を出すわけにいかない。

松川　露店は朝から出てるわけじゃないんですか？

八木　いや、大体夕方からですよ。当時はアセチレンガスだから匂いがするんです。のちには、電気のコードが引いてあって、露店の上に裸電球がぶら下がっていました。露店が出ていた頃は、普通の店も夜九時ぐらいまでは開けていました。で、露店は道の片方に出るんです。はじめの半月こちら側、あとの半月はあちら側というように交替する。すずらん通りの東京堂の並びに絵画廊があるでしょう。『古通』は昭和十六年（一九四一）にあそこに移るんです。だから、店の前に出る露店の人が挨拶に来ましたよ。

岡島　古本屋の前に露店が出るんですか（笑）。それは邪魔にはならないんですか？

八木　いまみたいに通りが車道と歩道に分かれてなかったけれど、それほど気にはなりませんでした。当時としてはけっこう広い通りだったような気がしますよ。その後、アーケードがつくられたりしました。アーケードはいまは無くなりましたが、街路樹も植えられました。

戦後間もなくの頃には、小川町通りの南側のいま崇文荘があるあたりや、靖国通りの北側、つまり本屋街の反対側にも古本屋の露店が出ていました。しかし、マッカーサー司令部の露店撤去の指令によって、昭和二十五年三月限りで廃止になってしまったんです。

『日本古書通信』創刊

八木　話が戻りますが、昭和九年（一九三四）一月に、兄が一誠堂で五年勤めてから独立して、『古通』を創刊します。これは反町さんと相談して始めたんです。最初は、全国の市場での古書の相場を古書業界に知らせるための情報誌でした。

南陀楼　それまでそういう雑誌はなかったんですか？

八木　大阪で昭和七年（一九三二）頃から、謄写版刷の『大阪古本市場通信』というのが出ていました。富樫栄治という人が始めたものです。兄はこの富樫さんに会って、その権利を譲り受けています。だから、全国的なものとしては、『古通』が最初でしょうね。最初は月二回発行で、十六ページでした。最初の事務所は三崎町にありました。日本古書通信社と一緒に、のちに六甲書房と名乗って古本の売買と出版をおこないました。この六甲書房が昭和二十八年に八木書店と改称するんです。

私はその創刊の頃は、まだ古今書院にいたんです。ところが、創刊から二年後の昭和十一年（一九三六）に、相場公表禁止問題というのが起きるんです。

岡島　それはどういうものだったんですか？

八木　東京古書籍商組合の役員会で、古書相場を公表することを禁じたんです。地方の古本屋が東京の市場価格を知ると、東京の古本屋が商売がやりにくくなるというわけです。これは大打撃でした。それでしかたなく、業界人だけでなく一般の読書人も対象とする雑誌に方針を切り替えた。僕は古今書院を辞めて、『古通』の編集をするようになったんです。古今書院には三年ほどいて、やっと編集や出版のことが少し判りだしたところだったんですがね。

南陀楼　その頃は、『古通』編集部はどこにあったんですか？

八木　小川町の古書会館の近くです。いまは空き地になっていますが、前に小川町小学校があったでしょう。あの向いの長屋の一軒にいたんですよ。

向井　古書会館はいつからあったんですか？

八木　大正五年（一九一六）に、「東京図書倶楽部」ができました。戦後、昭和二十三年に、同じ敷地に「東京古書会館」ができたんです。ですから、戦前は「倶楽部に行く」って云っていました。

長屋時代の『古通』の隣に、路地をはさんで、講談師の宝井馬琴が住んでいました。のちに代議士になった人だけど、その頃はまだ有名になる前でした。その馬琴は、新作をつくると、市のない日に倶楽部で練習するんですよ。近所の子供集めてね、「一席伺います」とか云ってやってるんですよ（笑）。誰も聞いてないんじゃ、張り合いがなかったんでしょうね。

南陀楼　そのあとが、さっきおっしゃったすずらん通りですか？

八木　いえ、昭和十二年（一九三七）の秋に、南海堂の横にある通りに引っ越して、十六年までそこにいました。すずらん通りに移ったのは、その年の八月です。

出会った人々

八木　『古通』をやりはじめてからは、いろんな人に出会いました。創刊からいままで、

『古通』に原稿を書いた人はたぶん千五百人以上ですが、その内の半分ぐらいには直接会ってますよ。

南陀楼　どうやって、書いてもらう人を決めるんですか？

八木　その人の書いた文章を読んで、古本のことなら書いてくれるだろうというときもありますし、人と話していて「あの人はこういうことに詳しいよ」というヒントをもらうこともあります。森銑三さんや柴田宵曲さんは、ご自分でもたくさん書いていただきましたが、同時に多くの人を紹介してくれました。

日夏耿之介も、森さんに紹介していただきました。だけど、僕は敬遠する気持ちがあったんですよ。僕の知人が若いときに、友人と一緒に日夏さんを訪ねたんです。彼が着流しで行ったら、日夏さんに「先輩のところに来るのに着流しでくるとはなんだ！」と叱られたそうです。ちょっとうるさ型なんですよ。いるでしょう、うっかりしたことを云うと、すぐやっつける人（笑）。そんなことを聞いていたので、近寄りがたい感じがあったんですが、会ってみるととてもいい人でした。

永井荷風も、みんなが人嫌いだと云うでしょう。でも、会ってみたら非常にいい人ですよ。ま、たしかに変わってはいましたよ。『濹東奇譚』の復刻版（八木書店）を出したときに、菅野のお宅に印税を届けに行ったんです。その金を銀行に行くからと、僕らの目の前で、それまで着ていたボロボロの服を脱いで、裸になるんですよ（笑）。それを足でポンポーンと蹴って隣の部屋に入れちゃって、クリーニング屋から届いたワイシャツや洋服に着替える。それで、さっき渡した印税を風呂敷にくるんで、結び目を腕にさして落とさないようにする。

そのとき僕たちは新聞社の車で行ったんですが、荷風さんが浅草の銀行へ行くと云うので、ほかにも人がいて少し窮屈だから僕が電車で帰ると云いました。そうしたら、荷風さん、わざわざ車から降りてきて、「乗れますよ」とすすめてくれたんですが、僕は一緒に行かずに電車で帰りました。そういう親切な人でもありました。

南陀楼　吉川英治にもお会いになった……。

八木　吉川英治は戦争中に青梅の吉野村へ疎開するんですが、僕が訪ねたのはそれから間もなくです。戦争中ですから鉄兜を背負って行きました。吉川さんは青梅に越してすぐに病気になるんですよ。僕が行ったときにはだいぶ良くなっていたようですが。部屋に上がると、吉川さんは裸になっていて、女の人がお灸をすえているんです。熱いもんだから顔しかめてね（笑）。聞きたいことがあって行ったんですが、用はたせずに帰ってきました。でも、裸の吉川英治と対面したというのは、いい思い出になりましたよ。

岡島　八木さんの本を読むと、ほかにも野村胡堂、江戸川乱歩、柳田國男、新村出、津田青楓、高見順などなど、たくさんの人の思い出が出ていますね。

八木　みんないい人でしたよ。佐藤春夫とは、斎藤昌三が書いた原稿のことで喧嘩になりましたけど、でも会ってみると普通に話せるしね。まあ、あれもいい思い出ですよ（笑）。

すずらん通りで古本の小売りをやっていた頃には、いろんな人が店に来ましたよ。山本有三とか、林芙美子とかね。あなたがたも、お客さんで顔見知りの人が多いでしょう。

向井　ええ。でも、あんまり話しかけないですけど。

八木　まあ、話しかけないでそれっきりになる人がほとんどですよね。高田保が来たときに、買った本を送ってくれと云うから、「ええ、大磯のお宅ですね」って云うと、「なんだ、お前知ってるのか」って（笑）。大磯の家はもと島崎藤村の住んでた家なんです。藤村が死んだあと、高田保がそこに住むんですよ。

それから田中貢太郎も来ましたよ。「田中先生ですね」って云ったら、「君、いままで会ったことあるかな」って云うんです。雑誌で写真を見ただけなんだけど、特徴のある顔してるから一回見たら忘れない（笑）。

松川　田中貢太郎は、怪談ものを書いた人ですよね。『怪談全集』（一九二八）とか、『支那怪談全集』（一九三一）とか。

八木　そうです。でも僕がよく覚えているのは『旋風時代』（一九三四）という長篇小説ですね。あれは河野通勢の挿絵が良かったんだ。それと、『博浪沙』（一九三四年創刊）という雑誌を出していました。あの雑誌は面白い記事がたくさん載ってたんですよ。神保町で喫茶店に入るときに、三省堂か東京堂で『博浪沙』を買って、コーヒーを飲みながら読んで、出るときには置いてきちゃう。十五銭か二十銭で安いもんだから。裏表紙には毎号酒の広告が出ていて、それがスポンサーらしいんです。田中貢太郎は土佐の人で、酒が好きだから（笑）。大町桂月も土佐でしょう。あの人も酒呑みだった。

岡島　土佐はやっぱり酒呑みが……（笑）。

植草甚一と「きゃんどる」

松川　植草甚一にも会われたんですか？

八木　ええ。僕が会ったのは、『雨降りだからミステリーでも勉強しよう』とか長ったらしいタイトルで本の話をさかんに書くようになるずいぶん前ですよ。昭和二十五年です。植草さんはその頃、有楽町の東京宝塚劇場の二階に事務所があって、そこに訪ねていきました。それで、二号にわたって書いてもらったのが、「わが道はすべて古本屋に通ず」というエッセイでした。あの人はその頃はまだアメリカに行ってなかったんですが、向こうの新聞や週刊誌をよく読んでいて、ニューヨークなんかのことをよく知ってたんです。どこの通りにはなんという店があるとかね。これからアメリカに行く人たちがアドバイスを受けにきたと云うんだから（笑）。

晩年にもう一度原稿を頼んだことあったけど、忙しいって書いてもらえませんでした。その時に「ああ、二十年ぐらい前に、『わが道はすべて古本屋に通ず』って書きましたね」と云うんです。タイトルまで覚えているぐらいだから、よっぽど印象に残ってるんだなあと思ったの。

植草さんは背が低い人でね、だから本を両手にぶら下げても地面につかない程度まで買うらしいですな（笑）。で、両手でいっぱいぶらさげて、「きゃんどる」という喫茶店に入って、そこで本を開いて見ていたそうです。

南陀楼　八木さんは「きゃんどる」には、戦前から通われていたとか。

八木　この店は昭和八年の創業ですが、十三、四年頃から通っています。あそこの親父さんは武富達也さんというんですが、たしか佐賀の出身です。最初はその上のお姉さんがやってたんじゃないかな。そのあとその妹さんがやって、そのあと武富さんになったと思います。「きゃんどる」の本は二冊出ていますが、それに僕も書かされました。亡くなったあとは、奥さんが一人でやっていました。

南陀楼　そのあと、いったん店を閉めて、いまは新しく再開発で建ったビルで再開していますね。

八木　それが武富さんの息子さんなんだ。僕は最初から五代目まで全部知ってます。喫茶店もそうだけど、床屋もずーっと同じところに行っています。南海堂の裏にある床屋なんですが、そこも三代目か四代目です。『古通』の紙屋も古今書院時代からの付き合いですよ。古今書院はもうその紙屋を使ってないのに、いまでもうちは付き合いがあるんだね。その社長が八木という人で親しみがあったこともありますが。

向井　いったん気に入るとずっと付き合うんですね（笑）。

八木　こういうふうにずっと続くのは、岩波書店がそうなんですよ。印刷所では精興社がそうでしょう。岩波茂雄が精興社の社長の白井赫太郎を気に入って、可愛がっていた。製本屋も紙屋も何十年と続いていました。とにかくいったん信用してしまうと、世話がなくていいんですよ。かけひきも必要ないしね。

斎藤昌三のこと

八木　最近思うんですが、一般的に見て、雑誌や本の書き手が二、三十年ぐらい前の人と現在の人ではガラッと変わりましたね。

南陀楼　それはどういうことでしょうか？

八木　ひとつには、戦前からの書き手がみんな亡くなってしまったということがあります。かつては、ある分野の書き手が亡くなると、それを引き継ぐような人がいたんです。大学の先生にしても、その人の一番弟子がいた。だけど、『古通』に書いていただいていた、木村毅にしても柳田泉にしても、斎藤昌三、柴田宵曲、森銑三といった先生にしても、亡くなったあと、その人のやっていた領域の後継者がなかなか出ていない。

それと昔の人はね、と云っても、ついこの間まで生きておられたんだけど、まあ文章が書けて、英語ができる、漢文も読める、日本の古典も知ってるという人がけっこう多かったんです。だから書き手に困るということはあまりなかった。でも、近頃ではある時代のイギリス文学には詳しいけど、現在の文学のことは知らないとか、夏目漱石を研究していても『こころ』専門とか『猫』専門とかいうふうに、非常に……。

南陀楼　細分化されているんですね。

八木　そうそう。ですから、いまは原稿依頼もやりにくくなりました。僕がいまの執筆者を知らないということもあるでしょうが。

昔は、たとえば斎藤昌三さんに頼むと、気軽に書いてくれたんです。原稿だけじゃなくて、「明治大正詩書人気番付」や「日本限定本人気番付」などのお遊びの企画にも、よく付き合ってくれました。いまは、そういうのに乗ってくれる趣味人や学者がいなくなりましたね。

斎藤さんは特徴のあるいい字でね、この手ぬぐいの字も書いていただきました。

南陀楼　これは「火金会酒仙番付」ですか。斎藤さんの書物展望社に出入りしていた人たちのグループですね。

八木　戦後、斎藤さんが茅ケ崎から木挽町の事務所に出てくるのが火曜日と金曜日で、その日に仲間が集まったから、「火金会」というんです。

南陀楼　前頭六枚目に「八木洒亭」が入っている。この「もう一本」ってなんですか？

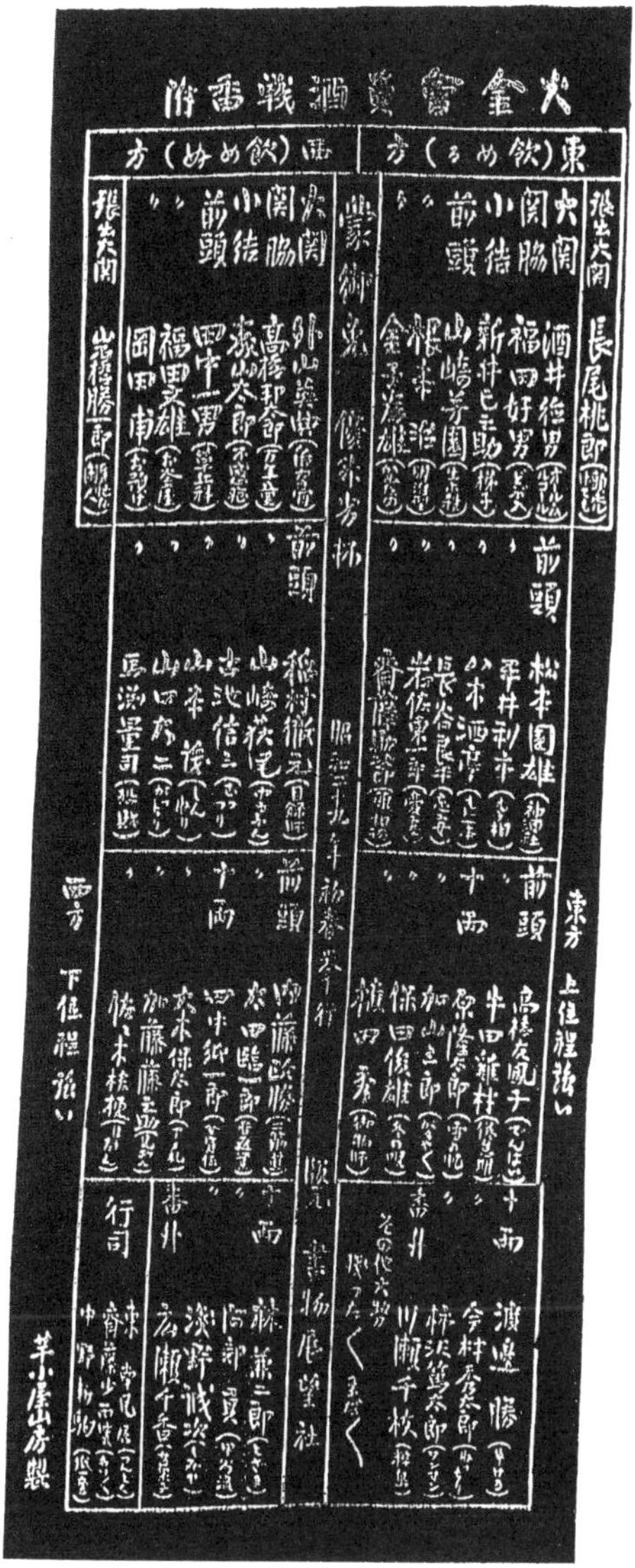

「火金会酒仙番付」（一九五四）

八木　「酒」にもう一本横棒を入れたら「酒」って字になるでしょう。昔は斎藤さんとよく飲みにいったんですよ。で、斎藤さんがボツボツお開きにしようと云われると、僕が「もう一本いきましょうよ」なんて云ったからなんです（笑）。斎藤さんが兄貴を意識して舎弟にひっかけているんです。

南陀楼　稲村徹元さんも入ってますね。「目録屋」だって（笑）。

八木　国会図書館にいたからね。斎藤さんはそういう渾名をつけるのがうまかった。そういえば、稲村さんがこの間、『古通』の事務所に見えたんです。それで、火金会でいまも生きているのは誰だろうという話になったんですが、稲村さんと私、それに太田臨一郎さん、佐々木桔梗さん、この四人は生きているけど、あとはたぶん全員死んだんじゃないかな。

向井　これは印刷してあるんですか？

八木　染めたんですよ。それをつくったのが森山太郎という人で、芋小屋山房の名で限定版の出版をやったり印刷屋をやったりしていました。なんだか得体のしれない人でね。斎藤さんは森山が出した発禁本のことで警察に呼びつけられたりして、ずいぶん迷惑を掛けられたはずです。最後は、千円札を偽造したという容疑で追及されて蒸発しちゃったんですよ。僕のところにも刑事が訊きにきましたが。

南陀楼　森山太郎をモデルにしたミステリ小説を紀田順一郎さんが書かれてますね（『われ巷にて殺されん』双葉社、のち「夜の蔵書家」と改題して、創元推理文庫『古本屋探偵の事件簿』に収録）。

八木　紀田さんはあの小説を書くために、僕のところにも取材に見えたことがあるんです。あの中に出てきますよね。僕みたいのが。

南陀楼　「日本愛書通信」の浅野って名前で登場してますね。

八木　面白いのは、あの頃は『古通』はまだ古書会館の四階にあったんです。ところが紀田さんの小説ではビルの八階ということが出てくる。で、うちはいま日本文芸社ビルの八階にあるでしょう（笑）。だから、このあいだ紀田さんが来たときに、「あんたはうちがビルの八階に移るなんてよく判りましたね」と云ったんだけどね（笑）。

戦争中に

南陀楼　ちょっと時代を戻しましょう。戦時中はどうされていたんですか？

八木　昭和十四、十五年（一九三九、四〇）ぐらいになると、だんだんともう戦時色になってくるんですよ。印刷の用紙が手に入りにくくなるし、仕事がしにくくなりました。

南陀楼　昭和十六年（一九四一）には『読書と文献』と名前が変わりますね？

八木　あれはつまり、企業統制で雑誌の数を減らされたんです。印刷用紙が統制されて、一誌ぶんだけだとしても発行できないから、何誌かを合併して、ようやく紙を確保するんですよ。だからほかの雑誌の権利を買収して、名前を変えたんです。

その頃、昭和十九年（一九四四）に徴用を逃れるために、四カ月ほど横河電機に行っていました。ちょっと伝手があったんです。あまり力仕事じゃなくて、神田に近いところがいいというので、大久保にあった高射砲のメーターの検査工場に入れてもらいました。検査工場はできあがったメーターを検査するから、それまでの過程を全部知っていなければならないんですよ、本当は。でも、僕はそんなこと何にも知らないんですよ。

ところが高射砲陣地から連絡があって、故障したから修理に来てくれって車で迎えに来るんですよ。順番だからというので、僕も何も判らないけどついていきました。修理するのはベテランの人で、僕は後ろに立って、ただ見てるだけ（笑）。それに、ベテランの人は汚れた服を着てるのに、僕は入ったばかりだから作業服が汚れてない。

岡島　そりゃ、そうでしょう。どこも触ってないんだから（笑）。

八木　だから、兵隊は「この人は偉いんだな」と思ったのか、いろいろと専門的なことを聞くんですよ。こちらは部品の名称すら判らないんだから（笑）。「そうであります」なんて云って、ごまかしたけどね。そのあと兄が応召して私が雑誌の名義人になりました。会社の責任者には徴用がこないという規則があるとかで、それなら横河電機に入っている必要もないというんで辞めさせてもらうんです。

それで兄は七つ上でもう三十五、六歳になっているのに応召したから、やがて僕にも赤紙が来ると思って、出征用の旗をつくったんです。

南陀楼　『書国彷徨』に写真が出てましたね。国旗にいろんな人が寄せ書きしている……。

八木　佐佐木信綱、天理教の中山正善、斎藤昌三、柳田泉、田中慶太郎、反町茂雄、渡辺刀水中将。左翼と云われていた勝本清一郎や細田源吉さんなんかにも書いてもらってますよ。でも結局、赤紙が来なかったから、その旗は使わないままでした。そのまま敗戦の記念品になっちゃった。

僕の徴兵検査があった昭和十年（一九三五）というのは、軍縮の風潮の強かった時代です。だから、僕の同級生には甲種合格がいないんですよ。ほとんどが乙種。僕は丙種でした。その下の丁種は身体障害のある者ですよ。だから中学の同窓会に出ると、戦死したのが非常に少ないです。乙か丙が多かったから。で、検査のときに、

「どうしても甲種に採ってもらいたい者は手を上げろ」と云われたんです。体格のいい奴が手を上げて、その隣の奴も手を上げた。その次が僕だったけど……手を上げなかった。手を上げた人はみんな現役で入営しました。僕は別に逃げたわけじゃないですよ。いつでも行くつもりで旗まで用意してあったのに、呼びに来ないから（笑）。

南陀楼 この旗にも寄せ書きしている川島五三郎という人が、八木さんの初の著書である『著者別書目集覧』（六甲書房、一九四四）の共編者ですよね？

八木 そうです。この本は僕の結婚記念として出したんです。のちに改訂版（一九五七）も出すんですが。川島さんは『明治文学書目』（村上文庫、一九三九）という本の編者です。南洋ゴム（？）の社長の村上濱吉が集めた明治文学の初版本コレクションを整理したんです。組合の理事を長くやっていて、組合史の五十年史が出るずっと前に、草稿をつくっていましたよ。よく仕事をした人なんだけど、呑んべえでしたね。

向井 じゃあ、ご結婚は昭和十九年……。戦争がいちばんひどいときですよね。

八木 結婚したはいいけど、妻は田舎から来たばかりで東京のことも仕事のことも何も知らないんです。もし僕に赤紙が来たら、入隊まで数日しか間がないから困っちゃうんです。兄貴も戦地に行っちゃっているし。ですから、『読書と文献』を十二月に休刊して、昭和二十年の一月に田舎に疎開するんです。
で、田舎で飛行機の部品をつくる軍需工場に入って、庶務や工場長の秘書みたいなことをやったり、動員されて工場で働いていた朝鮮の人の教育係や経理係などをやりました。出張で東京、名古屋などの軍需工場にも行きましたよ。広島にも出張することになってたんですが、その頃神経痛が出たので断ったんです。もし、行っていたら原爆に遭っていたかもしれない、そうこうするうちに、戦争に負けるわけです。

終戦を迎えて

八木　その工場には前後二年ほどいたんです。その間に終戦になって、会計の後始末をやりました。その頃、文化部をつくって、雑誌を出しましたよ。みんなから小説や歌や俳句を集めて、値段をつけて売りました。謄写版を切るのが上手い社員がいて、彼に表紙から本文まで全部やってもらいました。

南陀楼　なんていう誌名ですか？

八木　『建設』。いかにも戦後らしい誌名だね。

向井　それは何号ぐらい続いたんですか？
八木　三号で終わっちゃった。僕が東京に出てしまったから。
向井　それが見つかったら凄いですね。
南陀楼　復刻したい（笑）。
八木　いやいや、下手な綴り方ですよ（笑）。そこに毎号、僕が小説を書いています。編集長だから誰もボツにしないから（笑）。
ある号に、僕が桃太郎の昔話を書いたんですよ。桃太郎が戦争に行ってさんざん乱暴して引き揚げてくると、日本という国がもうなくなってしまっていて幻滅を感じるというような話です。ちょうど戦争中に幅を利かせた連中が、戦後にペシャンコになってしまう様子を風刺したんです。誰かがそれを社長に見せた。社長は退役軍人でその頃病床にあったんですが、怒りましてねえ、自分をモデルにしているって云うんですよ（笑）。「俺が面倒見てやったのにとんでもない奴だ」なんて云って怒ったそうですよ。そんなつもりじゃないのにね。
昭和二十二年には、こんなものもつくりました。『千代紙文庫』第一集（双美社）といって、藤村の「椰子の実」や国木田独歩、上田敏、石川啄木、若山牧水の詩や歌をそれぞれ一枚の紙に印刷して折ったものを、表紙に挟み込んだものです。この表紙のデザインは、小学校の同級生で、女子美を出た人に頼んで描いてもらいました。

岡島　これはキレイですね。まだ田舎におられたときに出されたんですか？

八木　東京に戻ってくる直前ですよ。工場の仕事をやりながらこんなことしていたんです。僕は田舎に畑を持っていたのでそこで野菜をつくったり、漁師の友だちが魚を持ってきてくれて、野菜と交換したりしてね、食べ物にはあまり不自由しませんでした。だから、のんびりとこんなものをつくっていたんですが、東京で出版に復帰するための準備でもあった。

向井　何部ぐらいつくったんですか？

八木　けっこう多くつくりましたよ、いまでもまだ何部か残っているから。この双美社の東京出張所というのが、岡野他家夫さんの自宅なんですよ。目黒の中根町の。この本を編集したのも岡野さんです。僕はしばらくの間、岡野さんに手伝ってもらって、東京に出てくると家に泊めてもらったんです。だから岡野さんの家族の人は、僕を社長と呼んでいた（笑）。

南陀楼　岡野さんは明治文学の本を何冊も出していて、『書国畸人伝』（桃源社、一九六二）なんて本もありますね。

八木　あの一部分は『古通』に連載したものなんですよ。書名は僕がつけたものです。

松川　『千代紙文庫』の「出版者の言葉」には、「ささやかながら、抒情ゆたかな詩歌を美しい木版で装った千代紙文庫は、必ずや若い人々のゆめとあこがれをみたし、現代生活のオアシスとして、ことしげき世に暫しのいこひを求める人々のよき伴侶となることと信じます」とありますね。どこか若々しい感じを受けます。このとき、八木さんは三十歳ぐらいですか？

八木　そうです。僕なんかの世代は、中学の頃から満州事変、上海事変、支那事変と続いて、そのあと太平洋戦争に入って、敗戦でしょう。だから、本当の意味での青春時代はなかったんですよ。もし大学に行っていれば、多少は自由な時期もあったんだけど、それもなかったからね……。

南陀楼　でも、工場で雑誌を出したり、『千代紙文庫』を出したりと、商売に関係なく本づくりを楽しんでらっしゃいますよね。

八木　そうですね。東京に出てきて、古今書院で学会雑誌からはじめて以来、僕にはずっと雑誌がついてまわったんですね。

デパート古書部の時代

八木　昭和二十二年八月に東京に戻ってきました。その頃は、ちょうどインフレの最中ですよ。戦後初めての古書展は、昭和二十年十二月、西神田倶楽部での「新興展」です。弘文荘、浅倉屋、進省堂、松村書店、明治堂、山本書店、誠心堂の七店が参加しています。この目録に、「此の目録に掲載のものと同じ書物はこの売価の一割乃至二割引で買受けます」という文があるんですよ。たぶん反町さんが書いたと思うんですけどね。インフレだから、今日つけた値段も明日になったらずっと上がっているわけ、本当は。だからね、いまの付け値で引き取りますっていうのは、ずいぶん強気なんですよ（笑）。

この頃は古本をお金では売らずに、本を何冊か持ってきたらそれと交換するとか、米を持ってこいとか云う店もありました。そんなやり方はいけないんですよ。……だけど、やっている店はありましたね。

南陀楼　『古通』は昭和二十二年六月に復刊して、Ｂ５判になるんですね。このとき、『古通』は上野松坂屋の中にあったそうですが、これはどういう理由ですか？

八木　兄は復員してすぐに上京しますが、上野松坂屋に「古書部」ができて、その責任者になったんです。昭和二十年の終わり頃から二十四、五年頃まで、各デパートに古書部がありました。上野松坂屋は兄が、銀座の松坂屋も兄の名義で山田朝一さんがやっていました。三越は一誠堂、伊勢丹は北川という人、東横は児玉という人で、白木屋には明治堂の三橋猛雄さんがいました。高島屋は忘れましたが、誰かがやってたことはたしかです。

向井　それは古書展ではなくて、常設の店なんですか？

八木　そうです。当時はデパートに商品が少なかったんですね。松坂屋も地下の食料品売り場に魚も肉もなくて、漬け物しか売ってないんですよ。沢庵の匂いばっかり(笑)。本だったらわりとすぐ集まるでしょう。だから重宝されたんです。二十五、六年頃になると商品がだんだん増えてきて、古本は邪魔にされるようになるんですが。

向井　そこで買い取りもするんですか？

八木　デパートの名前で買うから信用があるでしょう。それにインフレのひどいときで、「タケノコ生活」とか「新円切り替え」「財産税」とかで、みんな少しでもお金が欲しいんですよ。仕入れがたくさんあったんです。戦争で焼け残った本も出ましたよ。

たとえば、発禁になった荷風の『ふらんす物語』（一九〇九）なんかは戦前には見たことないのに、その頃は何冊も見ましたから。

だから、ずいぶんデパートを利用しましたよ。松坂屋の古書部はほかよりも遅く、昭和二十八、九年まで残っていました。支配人が非常に理解のある人でね。だから松坂屋では古書展を頻繁にやりました。

向井　戦後、デパートでの古書展はいつからはじまったんですか？

八木　昭和二十一年十一月に、東京古典会が主催して日本橋の白木屋（のち東急百貨店）で開いたのが最初です。同じ月に新宿伊勢丹で「趣味の古書展」が開催されました。

これは昭和二十二年二月に、上野の松坂屋でやった「明治大正文学書大即売会」の目録です。その目録の第一部は「明治大正文豪自筆原稿及び書簡類」なんですよ。自筆ものはそれまではあまり注目されていませんでした。だから、自筆ものを文学書より先にもってきたところは、先見の明があったと思うんです。

南陀楼　この古書展は「明治古典会」が主催したものですね。一誠堂、井上書店、木内書店、玄誠堂書店、弘文荘、時代や書店、松坂屋古書部（八木敏夫）、銀座松坂屋古書部（山田朝一）の九店が参加してますね。

八木　この古書展を開くために、「明治古典会」がはじまったんです。名付け親は玄誠堂の芥川徳郎さんだそうです。その後メンバーは変わりますけど、リーダーはずっと反町さんですよ。

向井　玄誠堂さんというのは？

八木　渋谷の道玄坂にあった店で、のちに宮益坂に移りました。芥川徳郎さんは歌人で、たしか牧水の弟子です。歌集も出しています。なかなかの人格者でした。時代やさんと仲が良かったですよ。

その後、昭和三十一年に松坂屋で展覧会をやったときに、物品税の問題で税務署が入ったんですよ。それでデパートで古書展をやると税務署に睨まれるっていうんで、六年ほど間が空くんです。復活するのが、昭和三十七年、日本橋の白木屋の古書展です。

向井　ああ、何かで読んだことがあります。大成功だったそうですね。

八木　六年のブランクがあって商品のストックがあったわけですよ。で、当時としては立派な目録を出したし、開催前夜には業者や学者を集めてパーティーをやったりして、うんとあおったんです。

それで初日にうちの兄が宣伝を担当していたので、NHKのテレビに出たんです。NHKですから、店の名前は云っちゃいけないとか制約があるんですが、うっかり

「白木屋では現在すでに店の前に何十人もの列が並んでいます」としゃべってしまったんです（笑）。そしたら、それが良く利いて、もう大変な人が来ました。大成功ですよ。それで昭和三十八年と四十二年にも白木屋でやるんですよ。そうしたらよそのデパートが、「うちでもやってくれ」とやってくるんです。三越も高島屋も西武も東横もみんな来ましたよ。古書展が成功すると、デパート全体の売り上げも伸びるでしょう。だから、その頃はこちらからデパートに条件を出すわけです。売り上げに対する賦金はこの程度にしてほしいとか、広告はこういう新聞に出してほしいとか、云いたいことが云えたんです。

岡島　いまからはとても考えられない、うらやましい話ですね（笑）。

八木　もうひとつ印象深いデパート展は、昭和四十三年の池袋西武のものです。明治古典会が主催で、明治百年を記念した大きなものでした。あのときも大変な列ができました。あんまり多いから、開店前に裏の階段から誘導して、会場の七階まで各階の階段に並ばせたんです。

僕は古書部を手伝いながら、仕入れに行ったり、売り場に立ったりしながら、『古通』の編集をやっていました。あの頃は若かったので、よくやったと思います。

変わった古本屋

南陀楼　『古通』が松坂屋から移るのはいつですか?

八木　昭和三十一年に八木書店のなかに移りました。その後、三十八年に兄から『古通』を譲り受けて、独立するんです。古書会館内に移ったのは四十二年です。

南陀楼　「古通豆本」をスタートするのが昭和四十五年、大阪万博の年で、『全国古本屋地図』を刊行しはじめるのが五十二年ですね。

八木　『全国古本屋地図』の先駆的なものとして、こんなものがありますよ。これは辻井甲三郎が昭和十四年に出した『全国主要都市古本店分布図』です。これは東京、大阪などの古本屋地図なんです。

岡島　すごく詳しいですね、これは。

南陀楼　地図もいいですが、一軒ごとの情報が詳しく書いてありますね。これも復刻したい※(笑)。

八木　この人は京都に住んでいて、当時の旧制中学校の先生をしていたように記憶しています。僕は訪ねて行ったことがありますが、二階にタンスがあって、その引き出しの中に古本屋関係の資料をいっぱい入れていました。そうやって整理していたんです。昭和十六年には『愛書家名簿』も出していますよ。

沼津には、『図書週報』、『古本年鑑』や『古本屋太平記』（大庭柯公、一九三九）を出した古典社がありました。この渡邊太郎にも会ったことがあります。この人もいわば先駆者ですよ。辻井さんも渡邊さんも古書業者ではないのですが、本が好きだったのですね。

古本屋が出した雑誌はいくつもありますが、今日は京都の細川開益堂が出した『ほんや』（一九一五年創刊）というのを持ってきました。これは森鷗外の弟の森潤三郎さんが編集しているんですよ。

銀座に細川活版所という印刷屋がありますが、それは京都の細川開益堂の息子さんが養子に行ったらしいんですよ。細川景正といって、尾崎紅葉なんかの仲間ですよ。紅葉ら硯友社の人たちとつきあったり、写真を撮ったりしてたんです。僕は昭和十九年にこの人に会って話を聞きました。明治三十八年（一九〇五）から大正初め頃、左久良《さくら》書房と也奈義《やなぎ》書房という出版社をつくるんです。で、也奈義書房で出し

※二〇一五年に沖田信悦編『出版流通メディア資料集成（三）　地域古書店年表――昭和戦前戦後期の古本屋ダイレクトリー』第二巻（金沢文圃閣）に復刻収録された。

たのが『煩悶記』（一九〇七）で、すぐに発禁になりました。

南陀楼　これは華厳の滝に飛び込んだ藤村操の告白という体裁の本ですね。

八木　藤村操が飛び込んで死んだと見せ掛けて、書いたという（笑）。だけど、あれ式の本が何冊も出ているんですよ。そのフィクションがひどくてね。海賊船に乗って北欧に行ったりして。

向井　なんで藤村操が海賊やんなきゃいけないの（笑）。

八木　泉鏡花の『風流線』ていう小説があるでしょ。あれも藤村操がモデルですよ。あれも飛び込んでからじつは死んだのではなく、半年ぐらいに後に書いたことになっているんですよ。泉鏡花もそういう際物を書いたんですね。

牛込に赤春堂という古本屋がありました。店主は、若い頃に北原白秋の向こうを張って「赤春」と名乗るほどの文学青年で、晩年は静岡に行っちゃったけどね。その人が、やっぱり操をモデルにした小説書いている（『華厳の嵐　操の告白』岡村書店、一九一三）。僕は読んでないんだけど。だから、あの頃、華厳の滝の投身をモデルにしたものが随分できているんですね。

南陀楼　ほかに印象的だった古本屋さんといえば……？

八木　『書物往来』（一九二四年創刊）などを出した石川巌さんも変わり者でした。巌さんの店は、順天堂病院の裏の辺りにあったんです。近代文学の初版本などをよく扱っていました。そこに一高生だった杉浦明平や立原道造がお客として行っている。杉浦さんは大変な読書家で本も相当買った人だったけども、ある時棚をいじってたら、石川が「ここにはお前ら学生の触るような本はおいてないよ」って云うんだ（笑）。

南陀楼　意地悪ですね。

八木　杉浦さんは癪だから、島木赤彦の歌集を買おうとしたら、「カバー付きのがある」って石川が云う。でも、そっちは倍以上して買えないからやはり先のほうを買ったらしいけど。僕が行ったのは大分あとのことで、杉浦さんが書いた店とはだいぶ感じが違っていましたけど。

ほかに、森田屋という面白い古本屋がありました。柏木良之助という人で、松村書店の出身ですよ。店はいまの喫茶店「リオ」のところにありました。森田屋は、本屋やりながら、いまの八木書店の古書部の前の横断歩道のところで交通整理をやってたの。錦華小学校（現・お茶の水小学校）へ通う子供の交通指導をしていたのです。『おはようジャンケン』（小学館、一九八一）という絵本の主人公になっています。この絵はよく似てますよ。いかにも森田屋の顔になってる。

岡島　ノンフィクション童話って書いてある。

八木　こういう本はね、出てからそれほど経っていないけど案外知られていない。
松川　知らないですね（笑）。古本屋さんが出てくる絵本なんて、貴重ですね。
八木　商売は失敗してやめるんだけど、マラソンが好きで、青梅マラソンに出たはずです（南陀楼注…ウェブでの検索によると、昭和四十五年の第四回大会に、最年長の七十二歳で出場している）。今度はボストンマラソンに出るんだとか云っていたけど、その前に死んでしまいました。ほかにも思い出のある古本屋は何人もいますけど、僕が付き合った、印象深い古本屋は変わり者が多いようですよ（笑）。

若さの秘訣

南陀楼　最後に、今後の古本界がどうなっていくかについてお考えを聞かせてもらえますか？
八木　僕はやること考えたってもうできないから、あまり考えないけどね。若い人はこれからやるってことを色々考えていると思う。近頃、これまでやっていないところで古書展をやったり、新しいタイプの目録を出したりしているでしょう。コンピュータやインターネットなどを駆使した新しいやり方、僕などはついていけませんが。玉英堂が早稲田の五十嵐書店なんかと組んで出したでしょう。

南陀楼 『the 60'sトーキョー・アングラ・シーンの夜明け』という目録ですね。

八木 ああいう新しい仕事をやっていくのは、結構なことだと思います。それには冒険もあるけど、そういう新しい事を考えるってことはいいことですね。

松川 八木さんはいつまでもお元気ですが、何か秘訣があるんですか？

八木 さっきも云いましたけど、僕は中学の頃は勉強嫌いで、走ったり、棒高跳びなどをやってたんですよ。

松川 えっ、棒高跳びってそんな昔からあるんですか？

八木 昔というほど古い話ではないですよ。その頃の中学の最高記録がたしか三メートル四〇だったけど、僕の記録は三メートル一〇でした。近所の中学校大会にも出ました。でもね、近くの学校に棒高跳びの日本記録を持ってるのがいたんです。のちにアジア大会にも出たんだけどね。その男と一緒に競技の前にグラウンドで練習したら、そいつが僕の最高記録をポンポンポンと跳ぶんです、練習で（笑）。あの頃はね、棒高跳びのポールは撓る材料じゃないんですよ、ただの竹の棒なんだから。

岡島 危ないですよ（笑）。下にマットなんか敷いてるんですか？

八木　それがね。ただの砂ですよ。

向井　死んじゃいますよ（笑）。

八木　いまオリンピックでの最高記録が六メートル以上でしょう。だから、ちょうど倍跳ぶんだよね。一〇〇メートル競走では、戦前からいままでにせいぜい一秒ぐらいしか速くなっていないのに比べたら、すごい記録の伸びかたですよ。

いまでも同窓会に出るとね、「ああ、跳んでた八木くんか」って云われるんです（笑）。

一同　跳んでた（笑）。

八木　そうやって体を鍛えたことが、健康上のプラスになってるかもしれないですね。

僕の家は、駅から三キロぐらいのところにあって、汽車を降りてからまた一キロ近く学校まで歩くんです。だから四キロ歩いて、放課後はトレーニングで走るでしょう。そのあとまた歩いて帰るから、往復で一〇キロ以上歩いていたんです。朝寝坊するものだから、ゲートル巻いてカバンを小脇に抱えて走るんです。

中学の五年間には一日だけ休みました。だから皆勤賞はもらえなかったけど、精勤賞をもらってます。僕が学校にいる間にもらった賞は、棒高跳びの記録とその精勤賞ぐらいだなあ。

向井　八木さんって体育会系だったんですね……。

八木　だから僕なんかは、いま八十八歳だという意識はほとんどないですよ。あまり病気もしないしね。僕より下の人で亡くなる人がたくさんいるでしょう。新聞の訃報で「七、八十歳で亡くなった」なんていうのを見ると、「あれ、若くて死んじゃうんだなあ」と思うんですよ（笑）。

もうひとつは、雑誌をやってきたからかな。僕は『古書通信』のほかにも、サンケイ新聞や毎日新聞、『週刊新潮』などに、長いこと古本関係のコラムを書いてきたんです。毎日新聞の学芸部には、小門勝二さんという記者がいて僕に書かせてくれた。

岡島　散人社という出版社をつくって、永井荷風についての本をたくさん出した人ですね。

八木　その人が毎日新聞にコラムを十年近くも書かせてくれた。まあ、そういう連載やほかのコラムや単発原稿も含めれば、二千本以上も書いたと思いますよ。

岡島　そんなに書かれたんですか！

八木　コラムというのは、原稿料がいいでしょう。毎日新聞なんかはずいぶんくれましたよ、字数のわりに。ああいう、よそからもらう小遣いは嬉しいものですねえ（笑）。

そのお金で煙草代やコーヒー代が助かりました。たまにはお酒とか。いや昔は、毎晩呑んでたけれど（笑）。

新聞も週刊誌もだいたい週一回のペースだから、発売日を意識して、そのときに合う話題を探すように心がけるんです。ない知恵をしぼって「何か」を探すという習慣がついているから、頭がボケないのかもしれないですな（笑）。

南陀楼　七十年前のことをこんなに正確に覚えている人が、ボケるなんてとんでもない（笑）。いつまでもお元気でいてください。今日は長時間ありがとうございました。

〔東京古書会館会議室にて／初出『スムース文庫4』二〇〇四年二月〕

インタビューを終えて　――二〇〇三年十月記

岡島一郎

八木福次郎さんにインタビューをする企画があるんだけど参加してみないかと云われ、二つ返事で「はい」と答えてみたものの、詳しく話を聞くうちに、自分みたいな輩がでてもいいものなのかと気になりだした。日時も決まり、このことを考えるとなんとなく緊張していた。

当日、参加者が皆知り合いで、場所も古書会館ということもあり、かなり和やかな感じだったのだが、内心はかなりドキドキしていた。ところが、八木さんの話が始まり、本の話や交友関係、さらに若い頃の話などを聞くうちに、ぐいぐいと引き込まれている自分がいた。いままでの心配がまったくの杞憂であった。それほど、興味深く、面白い話だった。

終ってみれば、参加させてもらって本当によかったと思った。今はこれが本になり、もう一度、一読者としてこの話が読めると思うと楽しみでならない。

（立石書店／一九七〇年、葛飾区立石生まれ）

松川慎

今、私の手元には八木さんからいただいた『千代紙文庫』がある。藤村・獨歩・啄木らの詩歌を載せた豪華な内容もさることながら寄木細工よろしく折りたたまれた紙面が凝りに凝っていて眺めていても飽くことがない。

初対面ではあったが、当時の出来事をジョーク混じりに熱っぽく語る八木さんの話術に私はすっかり魅せられてしまった。荷風や乱歩との会合、特に佐藤春夫とのエピソードは今思い出しても腹がよじれる。

最近親しくなった方から、自由が丘には昔、映画館がいくつもあり『映画の街』として名を馳せていた、と今の自由が丘しか知らない私には想像も出来ない話を聞かされた。埋もれさせてはいけない宝が実にたくさんあるものだ。八木さんの貴重な体験を次の若い世代にも責任を持って伝えていかねば。『千代紙文庫』を作成されていた頃の情熱もそっくりと……。

（自由が丘・西村文生堂／一九七三年、福島県会津若松生まれ）

向井透史

「吉川英治がねぇ」「荷風はね」昔からの知り合いに話し掛けるように優しく語りかける八木さんの言葉を聞いていると不思議な気分になる。全集の箱が少し汚れているような、時代を感じさせる文士たちの言葉や行動が昨日の事のように思えてくる。吉川英治の裸も、荷風の歩く姿も、見たことのある風景の中にある気がする。

しかしながら、これらの事を他の人が語ったらこれほど面白く聞けたのであろうか。八木さんの話は偉い人の講演みたいに「俺があぁしたこうした」というものがない。むしろいい本を読んでいるような心地よさであった。話す言葉が読書を思わせる。本の魅力を知り尽くしている人間だからこそだろう。よく笑わせても貰った。その日の布団の中で思い出し笑いしたりして。読んだ方なら、わかってもらえるのではないかと思う。

（早稲田・古書現世／一九七二年、新宿区早稲田生まれ）

古本屋という延命装置

二〇一八年二月十三日
聞き手　南陀楼綾繁

佐《さ》藤《とう》真《ま》砂《さご》

1961年東京都新宿区生まれ。立教大学経済学部卒業後、84年にパルコに入社。その後PR・広報プロダクションなどを経て、96年、大田区の大岡山駅近くに「古書日月堂」を開店。99年の第1回自家目録『特集戦後軽装判』を皮切りに、革命的な自家目録で注目を集める。2002年5月、店舗を南青山に移転。企画展「ウルトラモダン」「ムラカミ家のモノに見る昭和史」「印刷解体」なども手がける。
古書日月堂　http://www.nichigetu-do.com/

「蒐める人」を考える際に、古本屋（「古書店」でもいいのだが、親しみを込めて「古本屋」と呼ぶ）は外せないと思っていた。客に売るための本を集めるのが仕事だが、その集めかたや、集めたものをまとめるやりかたは、その店の業態や店主の個性によって異なる。なかでも、南青山に店を構える古書日月堂の佐藤真砂さんは、自分にとって納得のいく「塊」をつくるまで、本を集める人だと勝手に思っている。店や即売会で立ち話したことしかなかった佐藤さんに、はじめてじっくり話を聞くことができた。

選択肢をつぶして生きてきた

――子どもの頃は何の仕事をしたいと思っていましたか？

佐藤　中学の頃は絵を描くのが好きで、美大に行きたかったんですが、両親に「食えないぞ」と反対されました。それに自分よりも絵のうまい人がいくらでもいることに気づいて、諦めました。

そのあと、興味を持ったのは放送作家でした。テレビドラマの全盛期で、向田邦子の『冬の運動会』、倉本聰の『前略おふくろ様』、山田太一の『早春スケッチブック』などいつでも必ず秀作が観られました。それで日大芸術学部に行こうと思って、日大の付属高校に入るんです。
でも、結局は立教大学の経済学部に入った。

――なんで経済学部だったんですか？

佐藤 つぶしの効くところに行っとこうと思って。当時は大学卒の女子の入れる会社がまだそれほど多くはなかった。あと、経済学って大学じゃないと学べない分野だなと思ったんです。自分の興味からは縁遠いけれど、生きているうちに必ず関係を持たなければならないことのはずなので。
高校でもそうでしたが、大学でも放送研究会に入って、ラジオドラマのシナリオを書いたりしていました。そこを二年で辞めてからは、テレビ番組の構成をしている放送作家の事務所でアルバイトをしていました。でも、実際に放送作家の仕事を見てみると、「あんまり面白そうじゃないなあ」と思った。それでこれは一回ちゃんと就職した方がいいかなと思って、就職活動を経てパルコに入ったんです。
ずっと何かしら選択しようとして、その途上でその選択肢をつぶしていくことを繰り返していました。諦める人生だったんですね。

――可能性に挑戦する前に、自分で無理だと判断していたわけですね。

佐藤 いまでも自分の能力の限界だけはよく見えるんです（笑）。

――その頃は古本屋になりたいとは思わなかった？

佐藤 いえ、全然。古本屋って安い本を買いに行くところでしかなかった。中学三年のとき、受験勉強したくなくて、とにかく読書に逃げ込んでました。小遣いが限られていたから、浜田山の古本屋の店頭の均一を覗いていました。でも、どちらかと云えば、新刊書店で文庫本を買うほうが多かったかな。

――パルコではどんな仕事をされていたんですか？

佐藤 最初の配属先が吉祥寺店の営業を管轄する部署で、売上管理からセールやフェアの計画の立案まで、何でもやりました。そのあと本部のセールスプロモーション部に異動して、本部と各店との連絡役や他業種とのコラボを企画するなどの仕事をしていました。当時はバブル前夜で忙しく、残業時間がいちばん多いときで月二百時間超えていました。それが全部残業代になるし、パルコという看板もあるしで、どこか勘違いしていたんでしょうね。一生食べていくには困らないだろうと思っていた。勘違いだったことは外の世界に出て気づきました。この頃がピークで、その後の私の人生は、どんどん下降していくんですね（笑）。

パルコ退社後、ＰＲ・広報のプロダクションに移ったのですが、そこが私には合わなかったんです。そこにいた人と独立して二人でＰＲの代理店をはじめました。

その会社が順調に成長して、社員も増えていったのですが、私の責任も増えていったことからうつになってしまったんです。歩いていても途中で意識がとんでいて、気がつくと地下道の壁にもたれていたり、そのうち外食をまったく受け付けなくなって、とうとう会社に行けなくなりました。わりと早い段階でいいお医者さんに会って安定したんですが、一年間は休職することにしたので、ただボーッとしているわけにもいかないから、やりたいことをやろうと思って、池袋西武のコミュニティカレッジでルリユール（手製本）を習ったんです。

ルリユールは本を分解して綴じ直すわけですが、新刊書店に並んでいる本は無線綴じで解体後の作業がたいへんなんです。それで、糸綴じの本を探そうと、古本屋に通うようになった。『全国古本屋地図』を人にもらったので、それをバラして、その日行く町のページを持ち歩きました。お医者さんからも、とにかく歩けと云われていたので。

そこで、いろんな古本屋を見て、のんきでいいなと思ったんです。それまでやたら働いていたので、働いていないように見える古本屋さんっていいなと（笑）。もちろん、まったく勘違いだったわけですけど。でも、幸せそうに見えました。

新刊書店だとPOPが目に入ってきてうるさいけど、古本屋はこちらをほっといてくれる。こんなにのんびりできる仕事はほかにないだろうと、古本屋になりたいと思っちゃったんです。大きな間違いでしたね（笑）。

当時の私は高給取りだったので、傷病手当も月二十五万円ぐらいあったんですよ。だから、好きな本が買えました。

その後、フリーランスになってから一年半ぐらい、『カステラ文化誌全書』（平凡社、一九九五）という本の編集に関わるんです。福砂屋さんというカステラの老舗がスポンサーになって、カステラの歴史についてさまざまな研究者に寄稿してもらいました。私は編集スタッフとして、年表をつくったり研究者にインタビューしたりしました。これに掛かり切りになれたということは、お金もよかったんですね。いまだと考えられませんね。そのときに溜めたお金が目減りしないうちに古本屋をやろうかなと思ったんです。

それで、学芸大前にあった古書いとうさんに相談をしたら、「そんな簡単なもんじゃない」と反対されたんです。でも、「私の人生もう他に選択肢がないんです」と頑張っていたら、こいつは本気かもしれないと思われたようで、『古書月報』に載った女性店主の記事を読ませてくれたりしました。

でも、その段階でも私は甘くて、回転資金さえ何とかなれば、あとは店に来るお客さんから本を買って、それを売っていけば、その差額で食べていけると思っていたんです。

――店頭の販売だけで商売が成り立つということですね。

佐藤 はい。神保町の即売会に行ったこともあるんですが、なぜこの本が◎千円もするんだろうとか、価値体系がまったく理解できなかった。古書目録も見ていましたが、謎かけにしか見えなかった。それくらいまったくの素人だったということです。

世の中に一点しかないものを買って売りたい

――古書日月堂のオープンは一九九六年ですね。

佐藤 いとうさんのところに通いだして二年後ぐらいです。それだけ時間がかかったのは準備していたというよりも、その頃はフリーの仕事が細々と続いていたので、まだ迷っていたんです。ここまで失敗続きだと、もし古本屋がうまくいかなかったら完全に人生を降りる格好になっちゃうだろうなと怖かったんです。覚悟を固めるのに、それぐらいの時間がかかったんでしょうね。

店舗を大岡山にしたのは、目蒲線、いまの目黒線と大井町線が乗り入れていて、私が武蔵小山に住んでいて通いやすいし、東京工業大学がある。店舗も駅から近いからいけるんじゃないかなと思ったんです。店舗は木造で、隣が桐箪笥を削り直しする職人さんの仕事場でした。奥にレジがあって、真ん中に文庫本の棚が八台ぐらいあって、壁側がコミックや単行本。最初はごく普通の品揃えでしたね。

古書組合には最初から入っていて、五反田の南部古書会館で本を仕入れていました。神田の東京古書会館に行くようになったのは、開業後半年後ぐらい経ってから。

——私がお店に行ったのは開店して二年目ぐらいだったかな。半分は普通の本だったけど、戦前の古書や古い雑誌が並ぶ一画があったと思います。

佐藤　開店して一年経った頃には、店では本が売れないということが判ってしまった。店での売上を当てにできないから、即売会で商売していくしかないなと思ったんです。即売会にほかの古本屋さんと一緒に出ていて、なんでこんなにウチは売れないんだろうと思った。それでどういうのが売れる棚なのかを観察しました。あと、帳場に立つと、売れる本が判ります。即売会の現場にいることは、本当に勉強になりました。

目録の原稿をはじめて書いたのも、五反田の即売会の共同目録です。自分なりに工夫をしたのは「抜き書き」を増やしたということですね。目次、ページ数、図版の有無、判型など、ここまで書いたらお客さんが引っかかってくれるんじゃないかというデータを入れ込んでいった。自分が目録を見たときに知りたい情報や、私はここが面白いと思う箇所を書いていった。そうすることで、よく見かける本かもしれないけれど、じつはこういう本なんですよと、お客さんに伝えたかったんです。

――そういう目録の書き方はどうやって学んだんですか?

佐藤 先輩の古本屋さんから教えてもらえたし、お客さんからも「こういう情報を書いてくれるといいんだけどなあ」と教えられました。

あの頃は、古本屋さんがよく注文してくれました。女一人で修業もせずにこの世界に入ってきた私を応援してやろうという気持ちがあったんでしょうね。本当に励みになりました。

うちの目録でよく買ってくれたのは、御徒町にあった上野文庫さんです。一回で二十冊以上注文してくれることもあった。店主の中川道弘さんには「あなたが値段付けている後ろに立って、千円と書いたところに『二』と付け加えてあげたいよ」と云われました。

――安すぎるということですね(笑)。

佐藤 そうするうちに、次第に売れるようになっていきました。四年ぐらいやってたら、五反田展で売り上げ上位に食い込むようになった。百貨店の古書市から、参加しないかと声がかかるようになった。最初は一九九九年の伊勢丹浦和店の古書市でしたね。都内のデパート展とは異なる顔ぶれで、私にはやりやすかったですね。そのときに思い切って、文字だらけの目録にしたんです。「お前のせいで印刷費が高くなりそうだよ」と云われたりして（笑）。

――隣の古本屋と文字の密度が違いますもんね。日月堂さんのは真っ黒（笑）。この頃は神田の古書会館で仕入れしていたんですか？

佐藤　そうですね。この頃は中央市が主だったと思います。あとで明治古典会にも通うようになりますが。新参者だったけど、古本って相場を知らないと買えるんですよ。自分が面白いと思う本を買えばいいから。板垣鷹穂の本を買ったときも、相場のことなんか知らなかったから、この装丁でこの内容ならいくらで売ろうと考えて入札していました。でも、相場が判ると買えなくなる。売りあぐねた経験があると、かえって買えなくなる。いまはインターネットで相場が公開されているようなものだから、状況が変わりましたけど。

私が古本屋になった時代は、古書業界が太平の眠りから起こされていくような時期で、インターネットも接続すると一分単位で通信料がかかったし、そもそも情報がいまほどとれなかった。相場を知るためには、いろんな目録をひっくり返していました。それが、ブロードバンドが導入されて速くなり、グーグルが出てきたりして、ついにアマゾンが日本にやって来た。国立国会図書館が蔵書をデータ化して無料公開するなんてこと、古本屋は誰も想像していなかったと思う。

でも、ネット以前の古書の世界を知っておいてよかったと思うのは、失敗の経験ですね。高く買ったものが売れなくても、勉強代だと思えばいい。いまの若い人たちはネットによって失敗を回避できているかもしれないけれど、失敗しないと判らないことも多いと思います。

そういう失敗の経験があるから、私は博打を打てるのかもしれないですね。いま、私が買いたいと思うものは、世の中に一点しかないようなものだから、相場もない。それをどう売ろうかと入札までの短い時間で腹を決めることができるから、思い切って入札できるんです。

古書目録のつくりかた

――一九九九年に自家目録の第一号を出されますね。戦後軽装判の特集です。これも

よかったけど、私には翌年出た第二号の「日本人ノ暮シのカケラ」が衝撃的でした。個人が残したアルバムや日記、家計簿、パンフレットやチラシなどが、本と一緒に並べられていた。

佐藤　私が市場で買えるものは、ちゃんとした古本屋さんならむしろ馬鹿にするようなものだったんです。入札会場の本を並べる台の下に「諸々」なんて書かれている段ボール箱があって、その中から、よく判らないけど面白そうなものが見つかるんです。武井武雄がデザインした同窓会のはがきとか、隅田川の花火のプログラムの表紙を小村雪岱が描いたものとか、そんな紙モノばかり買っていた。それが溜まりすぎて山になってしまったので、これをなんとかしないと次にいけないと思って、この目録をつくったんです。自分の思いだけで値段をつけてしまったようなものですが、紙モノだとか本以外のものが注目されるいまを先取りしてますよね。これは真面目に、誰も云ってくれないから自分で云っちゃいますが(笑)、古本屋になってから、誰よりも先に「墨に出る」ってことだけはしてきたつもりです。

―― でも、よく売れたんですよね?

佐藤 ちょうど、たとえば文学部のなかでも、百貨店のカタログを対象にするような研究者が出てきた頃だったんです。各分野で学際的な研究がはじまった時期だった。だから、家計簿とか日記とか、双六なども売れました。時代と合致したのは、ラッキーでしたね。

―― 二〇〇一年に出た目録の第三号「第二十世紀都市のエレメンツ 1920~30」もよかったですね。

佐藤 このときはとにかく、やりたいことを徹底的にやろうと思っていました。表紙はデザイナーに依頼し、図版もカラーで掲載しました。自分が載せたいものだけを載せました。当時、店で売れるのは高くて二万円のものでした。でも、この目録ではそれ以上の、自分の限界を超えるような値段をつけています。これでだめだったら、古本屋を辞めようとまで思っていた。永江朗さんが『BRUTUS』で紹介してくれたりしましたが、「やりすぎ」なところを面白がってくれたのだと思います。この目録がよく売れたので、南青山に引っ越すことができたんです。

――二号までは日本の本がメインでしたよね？　それがこの号では洋書がかなりの分量を占めています。どうやって勉強したんですか？

佐藤　やっぱり市場ですね。海外の建築雑誌の中の広告がきれいだったりすると、その一枚のために一冊の本より高く売れることがあった。洋書を見ていくうちに、同時代の日本との共通点が判ってきたのが何より面白かった。単体で見ていくのではなく、線や面で見ていくと、国境で区切っていくことがナンセンスに思えてきました。当時の日本には、シベリア鉄道経由でヨーロッパの情報が入ってきていたので、フランスのデザインを日本の雑誌がパクるのも早い。いまの私たちが考えるよりも世界はずっと、近いところにあったんです。それに、一九二〇年代の百貨店のカタログを見ていると、私たちが一九九〇年代にやってきたことと共通することもある。だから、国境も年代もとっぱらってしまえば、自由な世界が見えてくると思ったんです。

――とはいえ、言語の壁はありますよね。

佐藤 そうですね。だから、辞書を引きつつ調べました。私の手に余るときは、英語やフランス語が堪能なお客さんをつかまえては教えてもらいました。古本屋ってつねに誰か助けてくれる人がいるんです。

その頃、鹿島茂さんの『パリ五段活用』（中央公論社）を読んで、私が興味があるのは「モダニズム」という時代に起こっていることなんだと腑に落ちました。そう思うと、自分がこれまで気になっていたことがどんどんつながっていった。だから、この三号は、つくっていて一番面白かったですね。自分が投げられるかぎりの剛速球を投げたつもりです。

じつはこれには前史があります。二〇〇〇年七月に伊勢丹浦和店の目録の中で、モダニズムの特集をしているんです。これが九割売れたんです。いま思うとムチャクチャ安いので、売れて当然なんですが。これがあったから、第三号が出せた。

この直前に、初めてパリに買い付けに行きました。行ってみたら古本屋がほとんど閉まっていて、パリを歩きながら昔の絵ハガキや古い包装紙など買えるものを買ってきました。その後、向こうで知り合いもできて、古紙市などでも買うようになるんですが。

二〇〇二年に南青山に店を移したのは、パリに行った経験が大きかったと思います。それまでは日本しか見ていなかったので。

――三号には、二〇〇一年十一月に渋谷のロゴスギャラリーで、「女性古書店主たちのつくる棚」というイベントを開催する予告が出ていますね。

佐藤　国立の銀杏書房、神保町の呂古書房、鎌倉の游古洞、横浜の銀鈴堂、川口の春日書店、それに日月堂という顔ぶれでした。岡崎武志さんが『女子の古本屋』（筑摩書房）を書かれたのが二〇〇八年なので、そのずっと前ですね。女性の古本屋はまだ少なかった。パルコのセールスプロモーション局が管轄していたロゴスには昔の先輩がいて、それで私に声がかかりました。古書会館やデパート以外で行った、企画型の即売会の先駆だったと思います。いまではこういうイベントのほうが主流になっていますね。

ロゴスではこのあと、毎年のように日月堂の企画展を行います。二〇〇三年には「ウルトラモダン　1920〜30年代のヴィジュアル古書に見るモダニズム」、二〇〇四年には「東京・山の手・昭和三代　ムラカミ家のモノに見る昭和史」と「印刷解体　20世紀の印刷を支えてきたモノたち」。この「印刷解体」を三回やって、そのあと「解体」シリーズとして、二〇〇六年の「学校用品店」、二〇〇七年の「二〇〇七、東京、町工場より」と続けました。

――最初は本が中心だったけど、「ムラカミ家のモノに見る昭和史」あたりから、モノが主体になっていく感じがありました。

佐藤 大岡山の頃からのお客さんが、実家のものを処分したいと云うので行ったら、お祖父さまが銀行の頭取で、お母さんも華族の出だったというすごい家でした。じつは本はたいしたことはなかったのですが、火鉢や香炉があまりに見事だったので「これ、どうするんですか?」と訊いたら、「捨てます」と云うんです。別の部屋に一杯あるモノも処分するというので、村上さんの三代の「物語」と一緒に売れるんじゃないかと思って、企画をしたんです。「断捨離」という言葉がはやる前だったのでセーフでしたが、いまなら捨てられているかもしれないですね。

既存の価値観につかまりたくない

――二〇〇二年に南青山に移転しますが、どうしてここに決めたんですか?

佐藤 ロゴスでの「女性古書店主たちのつくる棚」で、目録で売れ残った本を置いてみたら、七万円とかの本がその場で売れていくんです。そんな経験は他の即売会ではありませんでした。渋谷という場所の力は大きいと思った。それで、日月堂も都心に移転することに決めました。

いま店があるこのマンションには「女性古書店主」でご一緒した銀鈴堂さんの知り合いの浮世絵を扱う店が入っていたんですが、店を引き上げるので居ぬきで借りる人を探していた。それで、銀鈴堂さんと共同で借りることにした。その後、二〇〇九年に銀鈴堂さんが出てから、同じフロアでいまの部屋に移りました。

――赤い内装が強烈ですね。

佐藤 直前にパリに行ったからですね（笑）。移転したらどんな店にしようかと考えていたときに、友だちに連れていかれたカフェがカッコよくて、その地下にあるトイレが真っ赤に塗りこめられていたんです。それで赤い店にしたんですが、そのパリのカフェは半年でつぶれてしまいまして、うちはいつまでもつだろうと思ってました（笑）。

古本屋が内装を新しくすると、アンティークの家具を入れたりするでしょう。でも、むしろ思い切り現代的な空間に古本を置きたいと思っていました。

――当時、インターネット専業の古書店も出ていましたが、そういう選択肢は考えなかった？

佐藤 私が扱っているような本や紙モノはお客さんが手に取って全ページ見て、自分の欲しいレベルに達していれば買ってくれると思っていたから、店がないとだめだと、そのときは思っていました。

——大岡山時代と客層も変わりましたか？

佐藤 変わりましたね。以前から通ってくれるお客さんもいますけど、青山にはデザイナーの事務所が多かったから、そこの人たちだとか、コラージュで作品をつくっている作家さんだとか。なによりも、南青山にやって来る方は、最初から買う気で来ますからね。客単価も高くなったと思います。フラッとくるお客さんも、有名なデザイナーだったり研究者だったと、あとで知ることがしょっちゅうあります。

——お客さんが「こういう本が欲しい」とリクエストすることもあるんですか？

佐藤 うちでは基本的にリクエストは受けないんです。リクエストは店にとってもお客さんにとっても負担になるんです。ほかで見つかっても、「あそこに頼んじゃったから買うのよそう」となったら、機会を逃すことになるし、頼まれたからと云っていつも買えるわけじゃない。お互いに長く関係を続けていくためには、頼んだり頼まれたりするのはやめようと思うんです。

うちの場合、お客さんの顔が見えていて仕入れているとよく誤解されるんですが、そんなことはなくて、私が買う動機は私の中にしか生まれてこないんです。

だから、いまとてもまずいんですよ。誰も買ってくれないようなものにしか、私の気持ちが動かないから（笑）。本当に困ったなあと思っているんです。

――以前は佐藤さんが買いたいと思って買ったものが、お客さんの求める分野やテーマと合致したから商売になっていた。それがずれてきたということですか？

佐藤 まあ、これまで合致していたことの方が不思議ですけどね。うちは専門があるわけじゃないし。

うちが一時期かなり熱心にやっていたモダニズムなどは、いまの方が高く売れるはずです。でも、私は同じような手法で同じような目録をつくりたくないんです。ワクワクしないから。

一番難しいのは、自分の記憶を更新することですね。古本屋は「あれをいくらで売った」という記憶があるとそれに縛られる。以前売った時より安く売るのはどこか気が咎めるし、安い頃の落札価格を思い出すと、高値で入札するのが馬鹿らしく思えてしまう。経験がむしろ邪魔になる場合があるんですね。

それでも更新していくしかないんだけど、私はそれが苦手みたいなんです。だから、さっき云ったみたいに、判れば判るほど買いづらくなってしまうんですね。

――専門性を究めることを拒否しているということですか？

佐藤　私の中の衝動として、つかまりたくないんですね。つねに何かから逃げ出していたいんです。

――二号の目録のまえがきで「投了」という言葉を使われていますね。「目録の、最後の一行を書き終えると、いつも頭には『投了』という言葉が浮かびます。敗者の発するこの言葉には、どうであれ無念さがにじみます。古本屋になってから、少ないとはいえ二桁を超える回数、目録を書いてきました。いつになったら、この『投了』という言葉が、『完成』という言葉に近づくのだろうかと考えます。目録を書くたび、市場の、未知の本の海を前にするたび、『途方もない』という思いに圧倒されます」とあります。

佐藤　投了しないと、切りがないんですよね。目録入稿の翌日に、載せたかった本が出てきてしまうことが本当にあるんです。でも、自分で区切りをつけないと、次にいけない。

それに投了したから、次があるんですよね。もしも、完璧な目録をつくってしまったら、次にすることはないんじゃないですか。

そこでも書いたように、古本屋の扱っている世界は途方もないものです。本来なら、もっと謙虚にその途方もない世界に向き合って、自分が見つけたものに小さな喜びを見出して生きていけばいいんだと思うんですよ。でも、私は、何年も古本屋をやっているうちに、どこかその感覚がマヒしちゃったのかもしれません。いまになって、そういう自分を持てあましているんです。

古本屋って、本を、と云うか、書かれたもの・時代が刻印されているものを、次の世代まで生き延びさせるための延命装置なんですよ。私は過去の遺産はなるべく減らさないほうがいいと思っています。だから余計、同業者もまだ気がついていないものに目がいくんでしょうね。とるに足りないものや小さなものを、ひとつでも多く、世の中に残してやりたいんです。そのために、お客さんに興味を持ってもらうためにはどうすればいいのかを考えています。私の目の前にある、いまは私しか知らないかもしれない小さな存在を無事着地させてやるためにはどうするのがいいのか。考え込んでしまうことが多くなってきているんです。

私の同世代の友人の親が亡くなると、その人が付けていた日記が出てきたりする。それを処分すると云われたら、なんとかとどめる方法を考えたい。いまだって現に古本屋さんがそういうものを買っていたから、昔の生活の様子が判るということもある。

とるに足りないものをどうしたら残せるのか。それを考えるのがウチの使命なのかなと思うことがあるんです。目録を出すのは、そのための方便のひとつに過ぎない。

その一方で、私自身は本を売って、食べていかなければならない。残すことと食べていくことのはざまで、しかも、面白くないことはやりたくないわけですから、難しい。いったい私はどこに行くんだろう（笑）。

求めてくれる人が世界のどこかにいる

——紙での自家目録は、二〇〇九年の「事件を起こせ！」が最後ですよね？

佐藤 これはいままでの目録とは真逆で、図版を一切入れませんでした。戦後日本美術を特集したものですが、扱っているものがパンフレットやチラシ、DMとかなので、図版を入れると買ってもらえない恐れがあった。でも、データは残しておきたかったので、判型とか印刷については詳しく書いています。価格も、この分野にはまだ相場に動きがあると思ったので、店に来た方にだけ価格表をお渡ししました。これもちょっと早すぎたんですよね（笑）。ここに載ったものが、いま倍以上の値段で取り引きされたりしています。

それと、この段階では、もうインターネットが普通のものになっていたので、ネット上に公開されている画像を拾ってきただけで研究が成立してしまうかもしれない。だとしたら、古本屋としてどうすればお客様に買っていただく商品の価値を守れるのか考えておかないといけないと思いました。その結果がこの目録です。

つまり、私なりに、その時期の状況に合わせて、目録のつくり方を変えてきたつもりです。

――そのあとは自家目録へのモチベーションが生まれなかったんでしょうか？

佐藤 何を出せばいいのか、ここでもまた考えてしまうんですよね。世界に一点しかないものを売るためには、それを買ってくれる世界に一人の買い手に情報が届けばいい。よりニーズの少ないモノを売るためには、紙の目録よりもインターネットの方が向いているかもしれないと思うようになりました。

それから、店にいらっしゃるお客さんのためには、何かしら新しい商品がないといけない。その一方で、買うもののハードルが上がってくると、資金繰りもあって、いつまでものんきに店の奥に隠しておくわけにもいかない。以前だと、紙の目録が完成するまではバックヤードにしまいこんでいたんですが、いまは売りたいものからインターネットにデータを載せ、店にもできるだけ早く出しています。

――海外からの注文も多いんですか？

佐藤　ありますね。ほとんど日本語なんですが、いつもチェックしている熱心な人がいるようです。『松竹座ニュース』も、村山知義も、岡田龍夫も、外国の人が買ってますよ。日本人がほとんど知らない名前をちゃんと知っているんです（笑）。

――しつこいようですが、紙の目録はもう出さないんですか？

佐藤　毎年一月に銀座の松屋百貨店の即売会の目録に、十ページぐらい参加しています。いまは店のために仕入れて残ったものを、松屋の目録に載せるという感じですね。うちみたいに専門を持たずに店をやっている古本屋が自家目録をつくるのは、けっこうしんどいんです。いまのところは店とネットを中心にして、年に一度、松屋の目録に載せるというサイクルはやりやすいんですね。

ただ、先方の都合があるから、松屋の古本市もいつまで続くか判らないんですよね。それがなくなったときには、むしろ、サイトの目録をプリントアウトしただけでお客さんに渡すほうが、いっそ、潔いんじゃないかと思ったりもします。

――さっき云われた、お客さんがいないような方向から引き返すつもりはないんですか？

佐藤　引き返せるかなあ（笑）。なんか、他の古本屋さんたちが気づいちゃったらもういいかなと思っちゃうんですよね。陰にあるというか、まだ発見されてないようなもののほうが面白いんですよね。しかも、売れる場が形成されると、自分でも落札できなくなってしまうんですよ。私はそこで踏みとどまって、一歩もひかずに勝負して専門家になるよりは、なんか、もうイイやと逃げたくなる。卑怯なんですね（笑）。

――いま注目しているのは、どんなものですか？

佐藤　落書きとか、下手な絵ですね。無意識に描かれた絵はその時代を映しているものなんですが、あまり残っていないですよね。私が面白いと思ったのは、終戦直後の白百合学園の子が描いた絵の綴りで、ピアノのレッスンをしたりテーブルで生活していたりと早くもリッチなんですね。出てくる食べ物もショートケーキだったりして（笑）。子どもって正直だから、世間体とか考えない。そこが面白いです。

この巻物みたいになってるのは、子どもの成長を時系列に沿って描いたもの。平山某という職業軍人が描いたもののようなんだけど、さらさらと描いた絵に何とも云えない味がある。この平山という人について調べられそうなので、値段をつけるのはそれからになります。

問題なのは、こういうものを一体誰が買ってくれるんだってことです（笑）。

――客の側も、買い続けるのは大変ですよね。経済状況とか家の広さの制約とかが

あって、ずっとコレクターでありつづけるのは難しい。私はもうとっくに降りてしまいました（笑）。

佐藤　ずっと買ってきた人も、歳を取ると、ある時期に処分を考えるようになりますよね。うちのお客さんも、もう数年したらそういうサイクルに入るかもしれませんね。買い戻したいものもたくさんあるんですけどね（笑）。

――日月堂のお客さんだったら、最後も面倒見てほしいと思う人が多いんじゃないですか？

佐藤　意外にそうでもないですよ。遺族になると、ネットで上位に出てくるところに持ち込むでしょうし。だから、お客さんには「手放すときには日月堂へ」というシールを本棚に貼っておいてほしい（笑）。

でも、コレクターは本当にすごいなと思います。私たち古本屋は記録か記憶かにとどめておけば、現物は手離してしまってもいいんです。でも、コレクターは物量とともに生きているわけですから、尊敬しますよ。

実は昨年の年末年始、家の中を片付けはじめたら止まらなくなって、ゴミが二十五袋出たんです。それまでは洋雑誌の一ページの切抜きでも、書体がいいとかデザインが好きだとかで捨てられなかったのですが、ネットでこれだけ画像が出回っているのだから、思い切ってオフセット印刷のものを捨てようと思ったんです。時代が変わると選別する目も変わるんだなと、自分でもびっくりしました。

――そんな時代に、佐藤さんはどんな古本屋でいたいと思いますか？

佐藤　いまはネットで検索しても引っかからないものばかり買っていて、自分で自分の首を絞めているようなものですが隠者のような存在にどこか憧れるんですよね。知ってくれる人がいてくれればいいやと。

以前は古書業界の変化はゆるやかなものだったし、古本屋のあいだで共有される知識とか情報がありました。でも、いま相場を動かしているのは欲望だけです。インターネットオークションの値段が、すべての相場を支配しつつある。私はそこから一番遠いところにいたいんです。

本来なら、若い古本屋さんが次の世代の価値を見出すところなんでしょうが、それができないでいるように思います。これまで信頼していた古書の価値体系というものが崩れつつあるいま、何を足場にして商売をしていくか、真剣に考えなければならない時期になったと思います。

本音を云えば、私は自分の中には何もないんです。向こうからやって来たものに対応することしかやってこなかった。古本屋としてもそうで、向こうからモノが飛び込んでいるわけです。自分の中身が空洞だから、その分響きやすくなってるんだろうと思います。

だから、何もしなくてもいいんだったら、本当に何もしなくて平気ですよ。無為な日々を送りたい。これが本音。

——でも、ほかの仕事から逃げてきたけれど、古本屋になってからは二十二年経つわけですよね。

佐藤　それは退路を断ってしまったからでしょうね。これでだめだったら、本当にやることがなかったんで。でも、はじめた頃には思いもしなかった変化が、次々に起こった。

太平の世だったら、何も考えずに商売していけたかもしれないですが、お金のない分、自分の頭で考えて突破して来ざるを得なかった。それがよかったのかなと、いまになって思いますね。

できることなら、古本屋からも静かに退場していきたいんです。今回のインタビューの依頼を受けたのも、一度これまでを振り返っておけば、あとはいいやと思ったからなんです。

古本屋をやめたら、何をしようかと考えることがあるんです。駅のキヨスクのおばさんなんかいいですね。コックピットみたいなところで、手に取れる範囲で仕事ができる。そう思っていたら、キヨスクも減ってしまって、もう手遅れかもしれない（笑）。


――それでも、十年後、二十年後に佐藤さんが古本屋を続けているとしたら、どんな店になっているでしょうか？

佐藤　このところ、妙に本が持ち上げられている感じがするんですね。ブックカフェや本に関するイベントが増えたりすることは悪くはないけれど、読書を全的に肯定して、その価値観を共有しようというようなありようには、何か居心地の悪さを感じてしまいます。私にとっての読書は、極私的な領域に属するものだから。また、新しいタイプの古本屋が増えていますが、個性的といいながら、どこか同じように見える。もっと、紙の本や本屋の本質を突きつめる人が出てきてほしい。

いずれにしろ私は、本をめぐるムーブメントから、まったく離れたところにいたいんです。うちの店では二年前から本棚を減らして、多くの本や紙ものを箱に入れてしまいました。箱にはテーマを書いたラベルを貼ってあるだけです。こうしてから、一般のお客さんは寄り付かなくなりましたね（笑）。でも、この状態が面白いと思ってくれるお客さんとの関係を深めていくことで、商売になっているんです。

将来も店を続けるとしたら、仕入れたものに対応して自在に変えられる空間にしておきたい。廃墟みたいにがらんとした広いスペースに、キャビネットも棚も置かず、世にも美しいアンティークの椅子が一脚ポツンとあるだけ。そこに座ったお客さんが「こういうものはないか」と云うのに対して、そこらへんに積んである段ボール箱から何やら取り出して見せる。そんな光景を妄想しています（笑）。

どんな時代になっても、世界のどこかに、一人ぐらいはお客さんがいてくれるだろうという確信は持っているんです。

［港区・古書日月堂にて／語りおろし　二〇一八年二月十三日］

いかにして古本好きになったか

二〇〇一年十月二十日
聞き手　林哲夫・扉野良人

南《なん》陀《だ》楼《ろう》綾《あや》繁《しげ》

昨年（二〇〇二）九月に新創刊された第二期『季刊・本とコンピュータ』（トランスアート）、その新編集長であり、南陀楼綾繁《なんだろうあやしげ》という摩訶不思議なペンネームでもってミニコミ世界で知らぬ者のない名物ライターでもある河上進氏。自分の人生は本の記憶のなかにしかないというほどの書物フリーク、それはもう、あきれるほかない蒐集癖、さまざまにうかがった。（林哲夫）

旅先で買う本

林　なんだか荷物が沢山ですね。

南陀楼　今回は、『季刊・本とコンピュータ』に書く古書店ルポの取材のために関西に来たんですが、どの店でも取材のあとで買って、しかもそれ以外の店でも買ってる（笑）。

さっき、萩書房さんで取材したあと買ったのは、南川潤の『掌の性《さが》』（美紀書房、一九四六）という小説集です。これは花森安治の装丁に惹かれてです。京都に来たら、古書店だけじゃなくて新刊書店の三月書房や恵文社一乗寺店でもいろいろ買ってしまうんです。今回は、四日ぐらい関西に滞在するんですが、毎朝ビジネスホテルから東京に宅急便を送ってる（笑）。

扉野　南陀楼さんと京都の古本屋を歩くと、僕が行くたびに何度も何度も「これ欲しいな」って見ている本を、スッ、スッ、スッと次々に買ってしまう。だから、いっしょに古本屋めぐりはしたくない（笑）。

南陀楼　ごめんごめん（笑）。扉野君には、萩書房とか水明洞とか、京都のいい古本屋さんを紹介してもらったのに、悪いねぇ。でも、旅先でいい本に出会うとムリしてでも買いたくなるんですよ。こっちはそれが扉野君の欲しい本だというのは知らないワケだから（笑）。

扉野　僕が見ていないところで勝手に買ってくれてたらいいんだけど（笑）。

南陀楼　目の前で（笑）。たしかに、むかつくだろうね。すまん（笑）。

『本コ』の話

林　ところで、本誌が出る頃には第二号も出ているでしょうが、新創刊した第二期『季刊・本とコンピュータ』（以下『本コ』）編集長というのはどうですか？

南陀楼　編集長になったのは、大日本印刷がサポートする『本コ』というプロジェクトの領域が広がったからなんですよ。第一期をはじめた一九九七年には、季刊雑誌だけだったんですが、その一年後にインターネットで発信する独自編集のオンライン版ができました。そこでは、本とコンピュータというテーマをめぐって国際的な議論を行い、それを日本語と英語の両方で載せていたんです。第二期からは、また違うかたちにリニューアルしました。

そのほか、年に数回「別冊」というのを出していたんですが、これを「本とコンピュータ叢書」という単行本のシリーズに切り替えたり、一九九九年からはオンデマンド出版まで開始したり……と、やることがどんどん増えていった。そこで、もともとこのプロジェクトをはじめた津野海太郎さんが全体を統括する「総合編集長」になり、いままで「編集デスク」という肩書きだった僕が季刊雑誌をまとめる役割になったんです。だから、いまのところは、編集長だなんてイバれるほどの実力はとてもありません。自分では「仮免《かりめん》編集長」だって云ってますが、いつになったら免許証を持てるやら(笑)。

林 新創刊号の売れ行きはどうでしたか。

南陀楼 まあまあ、好調と云えるんじゃないですか。第二期から、一つの雑誌が「子雑誌」というテーマ別の薄い雑誌の組み合わせでできている、というスタイルにしたのですが、その反応としては、バラエティがあって自分の興味ある部分から読めるというのが結構ありました。僕としては、「若返ったね」とか「ゴチャゴチャした感じが出てきたね」という反応がちょっとうれしかったです。これまで『本コ』って、おじさん雑誌みたいな云われ方をしてましたからね（笑）。

林　海外情報が多くなったような気がしました。

南陀楼　巻頭に「BOCOM！」という無署名コラム欄をつくって、そこに、海外ネタも国内ネタも業界的なニュースも読み物も、全部まぜこぜに入れることにしたんです。小沢信男さんの「eメール小説」なんてのもある。

以前から、津野さんや平野甲賀さんたちが一九七三年に創刊した『ワンダーランド』（のちの『宝島』）での「VOW（ヴォイス・オブ・ワンダーランド）」を見ていて、何でもいれられるコラム欄をつくりたいなあ、と思ってたんですよ。最近の雑誌ってコラム欄があんまり魅力的じゃないでしょう。「VOW」にはまだまだ及びませんが、「BOCOM！」にコラムを書いてみたいと、書き手に云ってもらえる欄にしたいです。

林　最近、オンデマンド出版が話題になっていますが、じっさいにやってみてどうですか。

南陀楼　これは、大ざっぱに云ってしまうと、少部数出版のためのシステムなんです。

本が売れなくなっている時代に、従来のようにオフセット印刷で何千部もつくっていたら大変です。それが、オンデマンド印刷機を使えば、一部からでも本をつくることができる。だから、出版社としては在庫を持たずにすむというメリットがある。一方、著者としては、これまで商業出版として成立しにくかった企画を、少部数で出版できる。じっさい、学術書や報告書はかなりの部分、オンデマンド出版に移行しつつあります。

『本コ』のオンデマンド出版で、僕が担当したのは、まず『んの字　小沢信男全句集』でした。小沢さんの句集は名古屋の亀山巌さんが発行した『東京百景』(名古屋豆本、一九八五)など三冊あるんです。それらに新詠を加えた全句を一冊にまとめたいと思いました。ご本人は「そんなの出しても売れないよ」っておっしゃった。でも、オンデマンド出版は百部からのスタートだから印税の金額はごく少ないですが、その代わり、商業出版とは違うやり方で本が出せますよ。と云ったら、すごく乗ってくださって、それで実現したんです。枝川公一さんのファクス通信をまとめた『WAVE the FLAG　東京発のアメリカ通信』も同じで、著者のイメージに近い本を出すことができたと思います。

また、古典や必読書と云われていながらいまなかなか手に入らない本を復刻する試みもやりました。紀田順一郎さんと相談して、志茂太郎が戦前に発行した書物雑誌『書窓』の特集号を新組・解説付きで復刊したのが、『ローマ字印刷研究』と『製本』です。とくに、後者は武井武雄が入念に図解したということもあって、若い人が書店で見かけて買ってくれたりと、こちらがビックリするような反応がありました。

まあ、制作コストや販売方法などまだまだ問題はあるし、オンデマンドがオフセットに完全に取って代わるというつもりはないんですが、少部数出版のやり方が生まれたことで、編集者としては、出版の可能性がちょっとだけ広がったという気がしています。

新刊書が好き

林　ウェブ上でもご活躍のようですね。メールマガジン『本のメルマガ』の連載に加えて、『書評のメルマガ』では毎月十日号を編集されています。それに、千駄木の往来堂書店、神戸の烏書房、鳥取の定有堂書店と、なぜか新刊書店のサイトでの連載が多い。紙の雑誌でも、『彷書月刊』で「ぼくの書サイ徘徊録」という書物サイトを紹介する連載をやってらっしゃいます。

南陀楼　僕は公私混同が得意というか体質みたいになっていて、ミニコミを取材に行くと、帰る頃にはだいたいそこに書くことになっているんです（笑）。「こんなにウチの雑誌を気に入ってくれたんだから、何か書かせてやろう」と思うんでしょうか。どうせタダだし。

『本のメルマガ』も、同人の守屋淳さん（ライター）と小林浩さん（人文出版「月曜社」を設立）を取材したときも、書店員中心のメルマガだからもっと本の現場の話が読みたいと文句を付けて、「じゃあお前が書け」ということになった。それで、自分がひと月に買った本を全部リストアップして、その書店の品揃えやフェアについてあれこれとコメントする連載「全点報告・この店で買った本」をはじめたんです。

林　圧巻ですよね、あれは。

南陀楼　毎月五十冊とか六十冊とか買っているので、世間ではよっぽど金持ちだと思われているらしい（笑）。ほかにあんまり趣味を持たないから、本にカネがつぎ込めるんです。でも、以前だったら古本屋や図書館で探して読んでいた本までも、最近はネタになりそうだからと新刊書店で買ってしまうので、こんな露悪的なのをいつまでもやってるとヤバイかもしれません。

林　置く場所がなくなったから、これからは本を買わないようにするなんて書いてましたが、ホントですか？

南陀楼　いや、あれは翌月早くも撤回しました（笑）。林さんは、月に何冊ぐらい新刊を買うんですか？

林　月に？　年に何冊っていうかんじでしょう。古本で手一杯（笑）。南陀楼さんは新刊だけで多いときには月に九十冊とか、少なくても四、五十冊は買ってますね。こっちは古本だけでも月二十冊がいいとこです。

南陀楼　そうなんですか。古本は新刊と別に、新刊の倍ぐらい買うときもありますから……。

林　えーっ！　じゃあ月に二百冊も買ってることになるじゃないですか。

南陀楼　たまに（笑）。でも、雑誌やミニコミ、文庫を含めてのことだし、戦前のいわゆる「古書」はほとんど買いませんよ。とにかく気になる本を見つけたら、買わずにいられないだけで。だから、買ったら安心してしまって、その本を読むのは数年後、ということがよくあります。

新刊については、いま買っておかないとという焦りみたいなのがあるんですよ。ものすごい点数の新刊が出ているのに、書店に並ぶのはほんの一週間ぐらいでしょう。せっかく著者や編集者が苦労して出したのに、いまここにある本は来週には返品されてしまうんだと思ったら、なんかオレが買わずに誰が買うというような義侠心がフツフツと。

林　新刊はナマモノっぽいからね。早く食べないと腐っちゃうみたいな（笑）。

南陀楼　古本には時代を経たものが放つ独自のオーラがあるんですが、新刊には逆に「いま、手にしてほしい」という切迫感がある。その重苦しい感じがイヤになるときもあるけれど、自分が本を出す立場にいるうちは、新刊書や新刊書店とつきあっていこうと思っています。

クニハの国は？

林　それにしても、毎日、買ってますねえ。海外に行っても買うでしょう。烏書房サイトの連載「本日の出奔」で、チェコのプラハに行ったときの日録を書いてますけど、あれもすごい。

南陀楼　烏書房さんは好きな本屋さんだったんですが、この十月に閉店されたんです。昨日、その閉店パーティがあったんです。そこに来た人に見せるために、こんなの

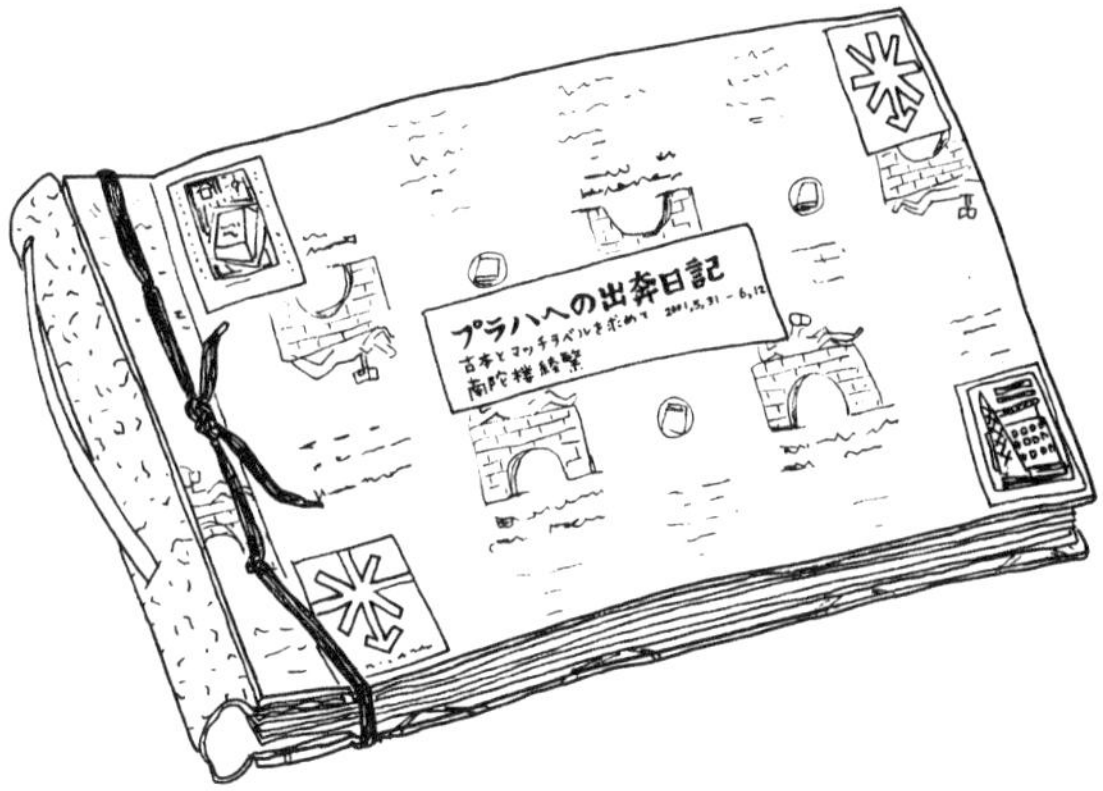

をつくりました。サイトに載せた文章をもとに、デジカメで撮った写真や、チェコのマッチラベルやビールのコースターなどを貼り込んだものです。題して『プラハへの出奔日記　古本とマッチラベルを求めて』（笑）。

林　手づくり本ですか！　これこそオンデマンド（笑）。それにしても几帳面な本の造りですね。

南陀楼　ウチのヨメが主宰する「製本ワークショップ」で指導してもらってつくったんです。この本は、本文用紙がチェコで手に入れたアルバムの台紙です。表紙には古本屋の包み紙、裏表紙には新刊書店の包み紙を貼り付けました。

林　チェコへ旅行された話は『本コ』の第二期創刊号にも書いてらっしゃいましたね。しかし、チェコでもむちゃくちゃ買ってますね、これぞ「ターボ全開」（笑）。だいたい何冊ぐらい？

南陀楼　あんまり云いたくない（笑）。段ボール箱を毎日一箱ずつ発送して、合計六箱ぐらいになりました。おかげで、郵便局の場所はすっかりアタマに入りました（笑）。

扉野　あ、カレル・チャペックのこの本、僕もプラハで買いました。引き出しを開けると、なかにアヴァンギャルドの本が一杯入っている店。

南陀楼　その店、僕も行きました。あそこは外国人向けでちょっと高かったけど、たいていの古本屋さんでは、チャペックの本もヨゼフ・ラダ（チェコの国民作家ハシェクの『兵士シュベイクの冒険』の挿画で知られる画家）の絵本も、溜息が出るような美本なのに、一冊二百円ぐらいで買えるんですよ。そりゃあ、買うしかないでしょう（笑）。

扉野　プラハにはどのくらい？

南陀楼　七泊八日ぐらいいましたけど、ほとんどプラハから出ませんでした。郊外にあるラダの記念館には行ったけど、あとはプラハのなかで、古本屋、新刊書店、図書館、活版印刷所、プライベートプレスと、ひたすら本に関する場所だけを回っていました。

扉野　チェコの本はデザインがすごくいいですよね。

南陀楼　けっして華美ではないし、色数も少ないのに、なんだかとてもキレイなんですよね。チェコ人ってイラスト好きなのか、美術書や小説だけでなく、研究書や実用書の表紙にもイラストが多用されています。それに、欧米の本はカバー無しのシンプルな装丁が多いですが、チェコの本はきれいなカバーが付いている本が多くて、見ているだけでも楽しいですよ。

　僕はつい最近までチェコのことなんてまったく知らなかったんですが、ある人から、ヨゼフ・チャペック（カレル・チャペックの兄で、画家・作家）の装丁作品がカラーで収録されている本を見せてもらって、一目でホレこんじゃったんですよ（笑）。B4判で二百ページぐらい、キレイな図版がびっしり入ってる。タイトルは『Josef Čapek a Kniha』（一九五八）。Kniha《クニハ》っていうのが、「本」という意味です。書店は「Knihkupectví」です。だけど、古本屋は「Kniha」が付かずに、「Antikvariat」なんです。

　でまあ、チェコで毎日古本屋を歩いていると、チャペック兄弟やラダの本は山ほど見つかるんです。それはそれとして全部買うんですが（笑）、肝心の本がなかなか出てこない。あとで聞いたら、印刷部数も少ないし、チェコでも珍しい部類に入る本らしい。ところが、あと二日で帰るという日になって、アヴァンギャルド関係の本にめっぽう強い古本屋に出会い、そこの店主がどこかからかその本を探しだしてくれたんです。喜んで別の店に行ったら、あっさり奥からもう一冊出てきた（笑）。一冊六千円ぐらいだったので、結局二冊とも買って帰り、一冊を平野さんに上げたんだけど、「あ、この本持ってるよ。でも貰っとく」って（笑）。この『Josef Capek a Kniha』がいちばん多くあるのは、日本だという説もあります。

扉野　プラハの古本屋さんって、熱心に探してくれますよね。

南陀楼　僕はチェコ語ができないから、向こうで出会ったチェコ人にチェコ語でこういう本を探していると書いてもらったんです。どの店に行ってもそれをひたすら見せるだけ（笑）。そんなワケのわかんない日本人に、みんな親切にいろいろ教えてくれる。ある店で、店主が本を開いてチェコ語でなんだかんだ云ってくる。通じないとわかると、英語のできる客をつかまえてそいつに通訳させてまで、「これはラダが最初にイラストを発表した本ですよ」と教えてくれる。一九八九年の民主革命以後、チェコでは古本の価格が上がってチェコ人には買える値段じゃなくなった、だから日本人がいいお客さんだということはあるんでしょうが、必ずしもビジネスだけでなく、本好きには親切に教える気風があるみたいですね。

一回行っただけで、チェコの本にどっぷりハマってしまったんですが、先日、『プラハの古本屋』（大修館書店）の著者で言語学者の千野栄一さんのお宅にうかがって、千野さんが四十年掛けて集められたコレクションを拝見したら、ますますチェコの本を集めたくなりました。

林　じゃあ、チェコ語も勉強しないとね（笑）。

本しか憶えていない

林　何年生まれですか？

南陀楼　一九六七年生まれ、三十四になります。

林　ご出身は？

南陀楼　島根県の出雲市で生まれ、高校卒業までずっとそこで過ごしました。

林　昔から本好きだった？

南陀楼　まあ、そうですね。僕は物覚えが悪くて、子どものときに誰と遊んだとか、小学生のときに飼ってた犬の名前とかは完全に忘れているんです。でも本については、三歳ぐらいに縁側で藤子不二雄の『怪物くん』を読んでいたとか、小学校の図書室で江戸川乱歩を読んだとか、わりによく憶えている。好きだった女の子の名前は忘れても、その子に貸した小説のタイトルは憶えていたりする（笑）。自分の記憶が本のことだけになっちゃってる。そういう記憶の残り方が自分でもおもしろくて、いま、子どものときからの本に関する思い出を少しずつ書いています。「本のことなら憶えている」というタイトルで、「ビジバジ」というサイトで連載しています。

林　ところで、ご実家のお仕事は？

南陀楼　親父は大工です。自分で「河上組」という小さな会社をやっていました。五年ほど前に会社は畳みましたが、いまでも仕事があると現場に行ってるみたいですよ。人からは何で跡を継がなかったのなんて云われてるんですけど、手先が不器用だってことを自分も親もよくわかっているから、双方そういう話は出さなかった（笑）。

林　手づくり本を見ると、そうとも思えませんが。

南陀楼　ウチは両親ともあまり本を買ってなかったんですが、祖母がわりと本好きで、部屋にはガラス扉付きの本棚があった。そのなかに、長谷川町子の『サザエさん』や『いじわるばあさん』、有馬頼義や高木彬光の推理小説、山田風太郎の忍法帖、谷崎潤一郎訳の『源氏物語』、岩波文庫や新書が数冊というふうに、雑多な本があったんです。それを一冊ずつ借りて読むのが楽しかったです。

なにしろ、市内とはいえ、書店も図書館も三十分は掛かる。古本屋なんて、高校のときに「出雲書房」というのができるまで、一軒もありませんでした。近所をご用聞きみたいに回っているおじさんがいて、その人に頼んで、小学六年生のときに『星新一の作品集』全十八巻（新潮社、一九七四）を一巻ずつ取り寄せてもらったことがあります。あの人がどこの取次や書店から本を取り寄せていたのか、いまだにナゾです。

松江市や鳥取県の米子市まで行けば、地元では有名な今井書店があるし、古本屋も数軒あるけれど、出雲市では出たばかりの文庫本を買うのに、自転車で新刊書店を五、六軒ハシゴしてやっと見つけるという具合でした。いまでも新刊書を買っておかないとという気になるのは、その頃、読みたい本が読めない苦しさを味わったせいかもしれないですね。数年前、津野さんが出雲に来たときに案内したんですが、そのとき、あまりにも文化果つる土地であるのに驚いたらしくて、「こんなところで育って本に飢えてたから、あんなに本を買うようになったんだな」と云われたことがあります。

林　でも、地方ってだいたいどこもそうですよね。

南陀楼　僕は中学生ぐらいから、『ＳＦマガジン』『奇想天外』『本の雑誌』『ぱふ』『噂の真相』『宝島』といったサブカル雑誌を読むようになったんですが、地元の本屋には一冊ずつしか入らないから、いかに確実に入手するかで、毎月気を揉んでました。当時の主流だったA5雑誌には、交換広告が多く入っていて、そこで存在を初めて知った雑誌も多い。書店では扱ってない『綺譚』『漫画の手帖』『東京おとなクラブ』などのミニコミも、通信販売で買ってました。亡くなった瀬戸川猛資が出していた『BOOKMAN』という雑誌もたしか、最初は通販で買ったような気がする。周りにそういう類の雑誌や本を読んでいるヤツがいなかったから、一人でどんどんマニアックになっていく。田舎のおたくは始末におえないというのが、経験から導き出された自説です（笑）。

林　最初に東京に来たのは？

南陀楼　小学六年生のときです。オープンしたばかりの八重洲ブックセンターに行きたいと主張して連れて行ってもらいました。中学、高校に属していたブラスバンドが強豪だったおかげで、毎年全国大会のために東京に来ていました。自由時間になると、神保町に行っていた。高校のときに、両手に紙袋一杯、新刊や古本を買ったときは、集合時間に遅れそうだったので、重いし道に迷うしで泣きそうになりながら走ったことがある（笑）。それで、帰りの寝台特急で、みんないい気分で騒いでいるのに、一人で上の寝台に閉じこもって、雑誌に読み耽ってました。

中央古本線

林　上京後は、当然、古本屋に日参しました?

南陀楼　一九八六年から七年間ほど西荻窪に住んでたから、中央線の古本屋はほとんど回ったんじゃないかなあ。荻窪、阿佐ケ谷、高円寺、中野、吉祥寺あたりの古本屋は、自転車で週に一回ぐらい巡回していました。三鷹や国立にもよく行ったし、八王子の佐藤書房もよく通った。

当時の西荻は古本屋さんの数が少なくて、南側に盛林堂書房と待晨堂、北側に森田書店と太田書店、経文堂書店、ほかに二三軒といったところでした。どれも古くからある感じの店でしたね。なかでも太田書店というのは、穴蔵みたいに間口が狭い店で、通路の両側に二メートルぐらいの高さに本を積んでて、棚の本はほとんど見えないし、一度入ったら出てくるまで反対側が向けない(笑)。女性の作家の誰かがその店のことをエッセイで書いています。たしか八七年頃にツブれたはずです。八八年頃になると、よみた屋とかブックス伊藤、天心堂のように、若い店主が経営する古本屋ができました。その頃は、だいたい夜中まで本を読んで、夕方まで眠り、四時になったら銭湯に行くという、楽隠居みたいな生活をしていました。それで風呂上がりによみた屋で文庫本を買って、近くにある「物豆奇《ものずき》」という喫茶店で読む。僕が出している『物数奇』というミニコミは、この店名から名前をいただきました。

林　古書会館の即売会も行ったんですか？

南陀楼　貧乏な学生だったから、近所の古本屋回りが精一杯。大学に行ったら、早稲田の古本屋街も全部回るし、月一回高田馬場ビッグボックスでの古本市もあったし。その頃は、岡崎武志さんじゃないけど、完全に外台専門の「均一小僧」でした（笑）。古書展は高円寺と五反田にはよく行ってましたが、そこでも安い本ばっかり。神保町の古書会館では、きっと高い本や貴重書ばかり扱っていて、シロウトが入ったら怒られるんじゃないかという思い込みがあったので、だいぶあとになるまで足を踏み入れなかった。その頃はまだ純情でした（笑）。

復刻と編集

林　大学はどちらですか？

南陀楼　早稲田大学の第一文学部で、日本史を専攻しました。最初は古代史をやろうと思っていたんですが、民俗学研究会というサークルに入ってから、明治以後の近代化の姿に興味が出てきて、近代史をやることにしました。卒論は三重県でフィールドワークしながら、日露戦後の神社合祀について書きました。で、このまま歴史を研究したいと思って、大学院を受験したら、あっさりすべりました（笑）。それで、これじゃあ生活できないと、サークルの先輩を頼って、ゆまに書房という出版社のアルバイトをはじめたんです。そこでアルバイトしながら、翌年、明治大学の大学院に入りました。

林　なるほど。復刻版を多く出している出版社ですね。

南陀楼　出版のことはなんにも知らなかったんで、たんなるアルバイトのつもりだったんですが、復刻版の出版はいちから編集するというよりも、いま手に入らなくて需要がありそうな本や、まだ刊行されていない原資料を見つけてくれれば、それで企画としてはいちおう成立するんです。僕もダメモトで、卒論で使った『全国神職会会報』という明治・大正に出された神主の機関誌の復刻を提案したら、わりとあっさり通って、全五十二巻で刊行できました。ぜんぜん売れませんでしたが（笑）。それで味を占めて、自分が読みたいものをどんどん企画するようになった。

自分で企画編集したものとしては、横田順彌さんと會津信吾さんに明治期の海外紀行記を選んでもらった『出にっぽん記　明治の冒険者たち』（全二十二巻）のほか、『新聞史資料集成』（全十巻）、『近代犯罪学史料』（全十九巻）。『書物関係雑誌叢書』（全二十巻）、『年表で見るモノの歴史事典』（全二巻）、『風俗画報』CD-ROM版などがあります。

林　どれもすごい巻数ですね（笑）。

南陀楼　基本的に原本そのままを複写して、解説や索引を付けるだけだから、一人でもなんとかできる。アルバイトで四年、正社員になって二年いたんですが、その間に、シリーズで云えば十五ぐらい、巻数で云えば三百巻ぐらいは編集したんじゃないかと思います。

林　そこを辞めて、『本コ』に移ったんですよね。

南陀楼　大学院生の頃に、宮武外骨が発行した百点以上の雑誌を全部復刻するという『雑誌集成　宮武外骨・此中にあり』（全二十六巻）を企画して、吉野孝雄さんに監修者になっていただいて、二年間掛けて刊行しました。そのときに、自分が好きな書き手で、外骨について興味を持ってもらえそうな人全員に、各巻の解説を依頼したんです。それが、紀田順一郎、森まゆみ、小沢信男、南伸坊、川村邦光、佐藤健二、そして松田哲夫、津野海太郎というラインナップだった。
それで、津野さんと松田さんと知り合いになったんですが、一九九六年の秋に、「新しい雑誌をつくるから、来ないか」と誘ってもらいました。その頃になると、復刻版ではなくて普通の単行本や雑誌をつくってみたいという欲求が出てきたので、思い切ってゆまに書房を辞めて、『本コ』の創刊準備から参加したんです。

二代目南陀楼綾繁

林　怪しげなペンネームをお使いですが（笑）。

南陀楼　ゆまに書房時代に、『物数奇』というミニコミをつくりはじめました。最初は大学のときの友人たちに配っていただけで書き手が少なかったから、いくつかのペンネームをつくって、ほとんど自分で書いていました。南陀楼綾繁というのは、そのなかの一つです。
この名前は自分で考えたんじゃなくて、江戸時代にそう名乗っていた人がいたんです。国会図書館前で調べ物をしていたときに、何気なく狂歌師人名辞典をめくっていて発見しました。文化（一八〇〇年代初頭）の頃に生きていた青梅の庄屋で、「言葉綾繁」とも名乗っていたらしい（笑）。それで、いかにもアヤシゲな響きが気に入ったし、二百年前の人なら著作権上のモンダイもないだろうといただいてしまいました（笑）。

林　漢字も同じなんですか？

南陀楼　そうです。だから僕は「河上組」の二代目じゃなくて、南陀楼綾繁の二代目なんです（笑）。

扉野　それ、指摘した人はいます？

南陀楼　この前、朗文堂の片塩二朗さんが「『大日本人名辞書』を見てたら南陀楼綾繁っていう人がいるんですけど、あなたはご存じですか？」と、わざわざファクスを送ってくれました。そんなの気づく人はほかにいないですよ。

林　この名前を使って、『日曜研究家』で「帝都逍遥蕩尽日録」を連載するんですね。

南陀楼　『物数奇』は最初コピーでつくっていたんですが、それを印刷にしようかなと思いはじめたときに、あるきっかけで、串間努さんに会ったんです。串間さんは「B級文化研究家」としてそろそろ最初の本を出そうという時期で、一度会っても のすごく意気投合したんです。それで『日曜研究家』でも何かやらないかと云われて、この連載をはじめました。

『日曜研究家』っていうのは誌名の通り、ガムとか清涼飲料水とかの研究家やコレクターがその成果を発表する雑誌で、ある意味ものすごく専門的な内容だった。僕はそこに研究家として参加することはとてもできないので、古本も新刊も好きで音楽も聴くし映画も観るというような中途半端な趣味人の日常生活をそのまま書くことにしたんです。意外なことにそれが結構好評で、おかげでいろんな人と知り合いになりました。

串間さんも古本が好きで、戦前のコレクターが出していた趣味誌など、膨大な量を買っていました。また、二人ともミニコミ好きという共通項があったので、一九九九年には一緒に『ミニコミ魂』(晶文社)を出しました。ここには扉野君も近代ナリコさんにも参加してもらって、僕たちの知らなかった関西系のミニコミを沢山紹介してもらいました。そういえば、『sumus』の前身の『ARE』を知ったのも、このときだったなあ。

扉野　『ARE』のこと、ずっと「アレ」って読んでましたよね(笑)。

南陀楼　何度も「違いますよ、アーですよ」って扉野君に訂正されたなあ(笑)。

林　『物数奇』以外にもミニコミを出しているんですか?

南陀楼　三年前に数十冊の日記本を紹介した『日記日和』というのを出しました。その

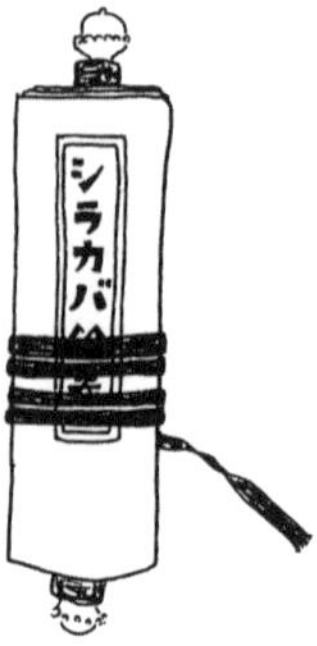

後は、版画家の宇田川新聞さんの『シラカバ絵巻』を絵巻物として出したり、内澤旬子がイラスト集『おやじがき』や写真絵本『うず女房』を出すのを手伝ったり。ホントは、『物数奇』の次の号が二十世紀中に出ているはずで、扉野君ほかの方々に原稿をいただいているんですが……。どうも、すみません。

扉野　まあまあ（笑）。

マッチラベル・コレクション

林　本を置くために引越ししたって聞きましたが？

南陀楼　木造の一軒家を借りていたんですが、本を全部二階に置いていたので、いつ上から本が落ちて死ぬか心配になって（笑）。それで、去年マンションに引っ越しました。それで、近所にある古書ほうろうという古本屋に、せっせと本を売りに行って、それ以外の本は実家に送りました。で、実家も本で一杯になってきたんで、去年、親父に頼んで、庭に小さい書庫を建ててもらったんです。

扉野　「河上組」に発注したんですね（笑）。

林　最近、何か掘り出しものはありましたか？

南陀楼　ここしばらくは、戦前にマッチラベルのコレクター（燐票家）が発行した趣味誌を集めています。なかでも有名なのが、斎藤昌三『変態蒐癖志』（文藝資料収集会、一九二八）にも出てくる福山碧翠が中心となった『錦』（日本燐枝錦集会、一九二〇年創刊）ですが、これが五十号まで揃いました。同時代のコレクターによる蒐集報告や研究が発表されているし、現物のマッチラベルが貼ってあったりと、とても興味深い資料です。ほかにも、名古屋で出た『趣味の燐票』（宣伝燐票会、一九二五年創刊）など、何種類かの趣味誌を手に入れています。

林　すごいですねえ。そういえば、マッチラベルの本を書くって云ってましたよね？

南陀楼　少しずつ書いてはいるんですが、次から次へと、おもしろい資料が出てくるんで、いくらでも調べることが増えていく（笑）。そうこうしているうちに、二十年来のマッチラベル・コレクターの加藤豊さんが『マッチレッテル万華鏡』(白石書店)という本を出された。ご自分のコレクションの図版が中心ですが、コレクターの歴史もきちんと押さえてある。正直、やられたなと思いました。

でも、マッチラベルについては、僕にも書けることがまだまだあると思うんです。たとえば、鳥取の西伯町に板祐生《いたゆうせい》という紙モノならなんでも集めるコレクターで、謄写版で雑誌を発行していた人がいました。そのコレクションが「祐生出会いの館」に収められているんですが、そこで資料を見るたびに、必ず新しい発見があります。

チェコに行ったときも、ヤホダさんというものすごいコレクターにインタビューできたり、知人のおじいさんが残したというマッチラベル・コレクションを一括で譲ってもらったりと、エキサイティングな出来事にブツかりました。一九六〇年代にチェコで発行されたコレクターの年鑑まで手に入った。そこに何が書いてあるか知りたいので、ますますチェコ語を勉強しないと(笑)。

林　集まるときというのはそういうものですかねえ。運命的ですね。

南陀楼　じっさいに行くまでゼンゼン知らなかったんですが、チェコってスウェーデンや日本に次ぐほど、マッチ産業が発達していたそうなんです。その中心地が西ボヘミア地方のスシツェという町で、いまでもマッチ工場が多いし、「マッチ博物館」までであるらしい。次に行くときはそれを見に行かないと……。

林　書けない（笑）。

南陀楼　そんな感じだから、マッチラベル自体を集めることから、コレクターが何を考えていたかを調べる方に興味が移っています。だから、マッチラベルの趣味誌をひと通り見終わる頃には、きっと本が書けているんじゃないかと思うんですが（笑）。

林　結局のところ、ミニコミからはじまりミニコミに戻るという感じですね。長時間ありがとうございました。

［京都市左京区「猫町」および扉野宅にて／初出『ｓｕｍｕｓ』八号、二〇〇二年一月］

巻末対談

「人の話を記録する」ということ

都《つ》築《づき》響《きょう》一《いち》×南《なん》陀《だ》楼《ろう》綾《あや》繁《しげ》

二〇一八年二月二十一日

都築響一（つづき・きょういち）
1956年、東京生まれ。76年から86年まで『ポパイ』『ブルータス』で現代美術、建築、デザイン、都市生活などの記事を担当。89～92年にかけて、80年代の世界の現代美術の動向を映す全102巻の現代美術全集『アート・ランダム』を刊行、以来現代美術、建築、写真、デザインなどの分野での執筆活動、書籍編集を続けている。96年発売の『ROADSIDE JAPAN』で第23回・木村伊兵衛賞受賞。『TOKYO STYLE』『圏外編集者』『捨てられないTシャツ』など編著書多数。現在も日本および世界のロードサイドを巡る取材を続行中。
メールマガジン　ROADSIDERS' weekly」http://www.roadsiders.com/

優劣をつけたくない

南陀楼　今回、僕が前に『ｓｕｍｕｓ』という書物同人誌でやっていた、いろんな本にまつわる活動している人たちにインタビューをまとめて一冊にすることになりました。その最後に、都築響一さんとお話しできたらと思います。僕が話を聞いている相手も、世間的に有名な人はあんまり出てこないというか、我が道を行っている人が多いんですけど。都築さんも……。

都築　我が道ってわけじゃないんですけど、別に（笑）

南陀楼　都築さん自身もそうですが、都築さんが追いかけている人も、多くの人に知られてはいないけれど、独特な活動をしている人が多いじゃないですか。

都築　ああ、それはそうですね。

南陀楼　どうしてそういう人に着目するようになったんですか？

都築　まあ、自分が凡人だからですけどね。平凡な常識人だから、そういう人に惹かれるってことはもちろんあるわけだけど。たとえば、作家でもアーティストでもミュージシャンでも、本とか絵とかＣＤとかの出来上がった作品で評価されるんですよね。でも、そういうことは僕の仕事じゃなくて、評論家の仕事ですよね。専門的なバックグラウンドもないし。だから、その人の業界における評価よりも、人間性みたいなものに惹かれるようになってきた。こんなものをつくる人はこんな人なんだ、と。評論の世界では、そういうのは一応なしになっていて、出来上がりで評価する。

でも、絵を見る人や音楽を聴く人にとっては、作品がいいからというのはもちろんあるけど、そのアーティストやミュージシャンがつくっているものが好きで、その人の人間性に惹かれるということもあると思うのね。洋服のデザインでもそうだと思うんだけど。だから業界の評論家が決める評価と、みんなが好きなものは必ずしも一致しないんじゃないかなと思いはじめたんです。この人は評価低いかもしれないけど、この人がこれに打ち込んでいる姿勢が好きで、聴いたり見たりしていると僕も勇気をもらえます、っていうことだってあるわけじゃないですか。そういうものは、その業界では評価されないわけだから、こぼれ落ちていくわけですよね。好きな人は多くても。だから僕は、それを補完するようなかたちでやってきたんですよね。

南陀楼　『圏外編集者』（朝日出版社）でも書かれていたけど、汚いものだけ好きなわけじゃなくて、そういうものもあるよっていうことを、選択肢として示したいということですよね。

都築　そうです。僕が追いかけている人は、たしかにマイナーだったり変わった人が多いですけど、それが絶対だと思っているわけじゃないんです。こういう人もいるよということです。そうやって選択の幅を広くしてあげれば、あとは受け取る人の好き好きだろうし。それが報道する人と評論する人の違いじゃないかって気がするんですよね。評論する人は、いっぱいある中からこれがいいっていうのを選ぶ人だと思いますけど、報道する人はいろんな選択肢をあげて、こういうやり方もある、こういう生き方もあるとかね、そういうことを教えてあげる役なのかなと思いはじめたんです。

だから、物事にあまり優劣をつけたくないんですよ。高尚な音楽が好きな人もいるけれど、J-POPが好きな人だっているわけじゃないですか。この年代になると、J-POPなんてばかじゃないのとか思うけど、でも十五歳の子にとっては、あのどうでもいい歌詞がすごくリアルなわけですよね。そういうときに、これは音楽としてくだらないよっていうのは思い上がりなんじゃないのかなって思いはじめたんです。それは相当大人になってからですけどね。四十代とか。そうなってくると、良い悪いって難しいなと思うようになった。たとえば、詩が好きといっても、吉増剛造が好きな人と、相田みつをが好きな人がいるわけじゃないですか。詩の人は、相田みつををバカにしますよ。だけど、自分が本当に絶望した時にどっちがこころに沁みるかっていうことだってあるわけじゃないですか。そうすると、相田みつをで救われたおれは馬鹿なのかっていう感じになる。そうじゃないんだよっていうことを、若い人に伝えたい。だから、読者年齢とか考えたことないですけど、誰に向かって書いているかと訊かれたら、ずっと年の下の人かもしれないですね。同い年とか上の人はどうでもいいっていうか。

本がゴールじゃなくなった

南陀楼　でも話を聞く対象としては、もちろん若い人にも話を聴かれていますけど、やっぱり年齢を重ねて我が道を行っている人に話を聞いているほうがインパクトがあるような気がします。『珍日本超老伝』（ちくま文庫）や『独居老人スタイル』（筑摩書房）などに出てくる強烈な人たちとは、どうやって出会うんですか？

都築　わざわざ探すことはあまりないので、本当に出会いですよね。人から紹介されたりとか。そのへんで出会ったりとか。偶然の場合がほとんどです。でも老人を探すんじゃなくて。たまたま老人だったということが多い。まず作品から入って五十歳くらいだと思っていたけど、会ってみたら八十歳だった、とか。だから僕にとっては、若者の記事をつくるのと、老人の記事をつくるのは、あまり差がない。ただ年齢が上に行っているだけで、気持ちは若いということで、あまり変わらない気がしますね。若いからといって、こっちが上からインタビューするわけじゃないので、スタンスはあまり変わらないですよね。

南陀楼　「一問百答」という米粒みたいに小さい文字のインタビューがありますね。その人がずっと喋っていることそのまま載せてますよね。ああいうときは、ずーっと真摯に聞いているんですか。

都築　そりゃあそうですよ（笑）。とにかく年をとるっていうことは、相手を見極めやすいっていうことですから、いくらこっちが適当に褒めたりしても絶対嘘はわかるでしょう。だから、こちらを信頼してもらわないとならないわけだし、本当にこの人がやってることが面白かったり、好きで話を聞きに来てくれているんだなっていうことが伝わらないとしょうがないですよね。

そういうことが大きく変わったのは、ネットで書くようになってからでしょうね。

それまでは、雑誌で書いていたわけです。たとえば南陀楼さんっていう人の話を聞きに行くとして、二ページでだいたい何文字くらいって当然、編集者だから考えますよね。そうすると、延々と話を聞いている場合じゃない（笑）。私生活も興味あるけど、どうせ書けないし、みたいな。だけどネットの場合は四万字だっていい。僕は写真も撮りますけど、二ページの記事だったら、メインのカットがワンカットあって、それから説明が何カットとか考えますよね。メインのカットに一番大事なものが一番写るようにしようとか思うけど、ネットだったら百枚だって出せるじゃないですか。たくさん書けてたくさん出せるっていうことは、表現のしかたが変わってくるっていうこと。それまで二ページできれいにまとめていたものを、何百行でも書けるということになるとですよ、僕の場合は作品をつくっているわけではなく報道だと思っているので、カッコよく起承転結があってまとめるよりも、聞いたことをなるべく全部伝えてあげたい。たとえば、写真だって、そこに行けるチャンスがあったんだから、本人のポートレートだけじゃなくて、部屋の隅っことか何でも出したい。

南陀楼　すべてを記録したいと。

都築　そういう情報の総体によって判断してほしいと思う。それは印刷媒体ではできないことですよね。だからそういう特性を知ってから、きれいにまとめるんじゃなくて、得た情報をなるべくたくさん読者に与えたいと思うようになったわけ。

南陀楼　情報の集積、塊を差し出すということですね。

都築　みんなの代表として僕が話を聞きに行くんだから、なるべく聞いたことを全部だしてあげたいと思う。それは、よくまとまった本にはならないですよね。でも、むしろデータベースというか、アーカイブとして残したい。よくもらう批判というのは、もうちょっと編集しろよと（笑）。短くしてもいいんじゃないのかと。そうしたら分厚くなくなるし、読みやすいし、とかごもっともな批判をいただくんだけど、そういうのにはもう興味がないんですよ。そうじゃなくて、そういう機会を得たんだから、なるべく資料として残しておいてあげたいという気持ちの方が強いんですね。だから従来型の、本がゴールと考えている人たちにはまったく共感されないわけですよ。ノー編集みたいな感じになってくる。

南陀楼　それでも、単行本とか文庫とか、それなりの入れ物のなかでどれだけできるかってことをずっとやられてると思うんですよね。ちくま文庫のなかであんなに字数が多い本はじめて見ましたけど（笑）、そういうのも含めて面白いと思うんですよね。

都築　僕にとっては、昔は連載にして、本にまとめてというのがゴールだったけど、いまはそれがゴールじゃない。副産物です。ネットに上がっているほうがゴールですね。だってネットのほうが残るし。二〇一二年から有料メールマガジン『ROADSIDERS' weekly』を出していますが、その二、三年前に無料のブログをやっていたので、この十年ほどでずいぶん変わってきたんでしょうね。写真もフィルムからデジタルになって。だから提出する媒体がどれかによって、文章を書く人も、絵を描く人も、写真を撮る人も、それでずいぶん変わるんじゃないかという気がしますね。

供給側に回る

南陀楼　僕が今回話を聞いた人で、串間努さんという人がいて、『日曜研究家』というミニコミを出していました。

都築　僕、初期に買ってましたよ。

南陀楼　そうですか。僕は何号目かから、自分が買ったり見たりしたものを書く日記を連載していました。串間さんは、学校の行事とか駄菓子とかの、昭和のB級文化を研究していて、何冊も本を出されているんですが、『日曜研究家』が休刊した後も、国会図書館に通ってコツコツと調べ続けているんですね。その人がいまは『旅と趣味』というミニコミを出しています。戦前の蒐集趣味家を研究しているんですね。

都築　蒐集家が蒐集家を研究する、みたいな。すごいな、三段組みなんですね（笑）。

南陀楼　コレクター雑誌には、図版が入るところを空けておいて、そこに集めてきた現物のラベルとか切手とかを貼るものがあるんです。DTPの元祖みたいな感じで（笑）。串間さんの影響もあって、僕もマッチラベルとか絵葉書とかを集めるようになったんですが、あまり一つの分野を突き詰めていくような感じにならなくて。もちろんたくさん集めて何かするのは好きなんですけど、それを何か一つの固まりにむかって突き進んでいくのってよく判らない。コレクターと話するとだいたいスペックの話になる。自分はこれは何枚持ってるとか、あれとあれは珍しいとかいう話になっていっちゃって、だんだん飽きてきちゃったんです。それで自分はコレクターは向いてないなと思って、昔の古書蒐集家のことを調べるようになったんです。

都築　まあ、別人種ですからね。僕も全然蒐集には興味ないですもんね。まったく。だから、この事務所にはいろんなものありますけど、ぜんぶ取材で集まってきたものだから、正直な話、記事が終わっちゃえばいらない。だからどんどん処分します。ブックオフにも来てもらってるし。

中野のブロードウェイの〈まんだらけ海馬〉には、都築響一の本棚っていうコーナーが二本くらいあるんです。何カ月に一回かまんだらけの人がうちにきて、選んでいくんですよ。

南陀楼　都築さんは前にネット古書店もされていましたよね？　かなり細かく本の紹介を書かれていました。

都築　それがすごく大変で。紹介書くためにまた読まなきゃ、となるので、しばらく休んでいます。でもそこで、とんでもないものを注文してきてくれる人がいて、なんでこんなのが欲しいの、なんてメールでやりとりしているうちに、普通だったら送っちゃうのを、じゃあ会いましょうみたいになった時もありました。

南陀楼　この本を注文する人は何者なのかと、興味が湧くんですね。

都築　それでいろいろ関係ができたので、役には立ったなという気はします。だから、蒐集家ではないので、流して行きたい感じというのはすごく大きいですね。やっぱり僕たちは、古本屋と中古レコード屋、あとは名画座とかで育ってきたとので、年を取ったら供給側に回んなきゃダメだと思うんです。

だって、僕よりもこの本を欲している人は確実にどっかにいるはずなんですよ。珍しい本はうちに死蔵しているよりも、だれか下の世代に渡すべきだと思うわけ。

自分もそうやって育ってきたんだから。

既得権益がなくなる

南陀楼　戦前のコレクターで、池田文痴菴という人がいます。ラブレターなどさまざまな紙モノをコレクションした人なんですが、この人が『森羅萬象録』（一九三六）という本を出しています。自分がこれまでどうやって育ってきたか、コレクションをどう志して来たかっていうのを年表にしたものなんですけど、自分の結婚式の引き出物で配ったんですよ。もらったほうは迷惑だったと思うんですけど（笑）。

都築　俺様日記ですね（笑）。

南陀楼　こういう自己記録っていうか、自分のことを記録するのに異様な情熱を注ぐ人っていますよね。

都築　こういう、俺様のレコードみたいなのつくる人がいたんですね。じゃあ、いま、こういう人は何しているのかっていうと、だいたいブログ書いてるわけです。じいさんとかばあさんが突然、自らの生涯を語るウェブサイトとかあるじゃないですか。一瞬めちゃくちゃいっぱい書いて、あと途絶えるみたいなやつとか。そういうのもいっぱいあるので、こういう情熱は、世代を超えていろいろあるんだろうなと思います。

うちのメルマガでちょっと前まで連載していたのは、絶滅サイト。いろんな日本のウェブサイトをずっとチェックしている人がいて。

南陀楼　ハマザキカクさんですね。

都築　そうです。やたらと更新していたのが突然途絶えたまま、みたいなサイトがたくさんある。だからネット上の古書みたいなものですよね。たしかに本と一緒なんだけど、デジタル空間は整備されてないわけですよね。デジタルアーカイブも追いつけないぐらい、次から次へと出てくる。だから不完全な形で、仮想空間上にぼーっと浮んでいるわけです。そういう絶滅サイトを見ていると、めっちゃ評価されない情熱みたいなのがすごく判る。

戦前は本をつくることが比較的簡単というか安価にできたと思うんですが、今だったら、よっぽど趣味人じゃなきゃできないじゃないですか。でも素人のブログだったらお金をかけずにできますよね。この貼り込みの感じとか、物質感として面白いなっていうのはすごくある。それと同時に、その奥にある、記しておきたい情熱とか、人に自分を知ってもらいたい情熱というのは、いまでも形を変えて残っていると思う。いまはその人はどこにいるのかっていうのを、僕としてはすごい興味があります。

南陀楼　僕は『捨てられないTシャツ』（筑摩書房）がすごく好きで、出た時に都築さんにインタビューさせていただきましたけど、無名の人の語りがこれだけ豊かなのかということに驚きました。

都築　昔は文章っていうのは、まだ特権的なものでしたよね。普通の人は表現すらできない時代があった。でも、いまでは表現が容易になってきたということはすごく大きいと思いますね。たとえば、たぶんプロのライターよりも、アマチュアの書き手の方が難しい漢字を使いますよね。変換されちゃうから。十代の女の子が、「綺麗」って書いたりしていると、お前これ手で書けるのか、っていう（笑）。昔は一部の人しかできなかったことが、みんなにできてしまうと、既得権益というのはなくなりますよね。写真なんか特にそうだと思うけど、昔はやっぱり良い機材を持っていることが大事だった。きれいな写真を撮るには、ある程度良い機材と、経験というものが要ったわけですよね。露出をどうするか、プリントとかも判ってないとできない。だけどいまはiPhoneの方が勝ちってこともあるわけじゃないですか（笑）。そうすると、これまでの経験値に頼ってきた写真家というのはチャラになっちゃうわけです。何の優位性もなくなってしまうというところから、新しい順列がはじまると思う。

南陀楼　本も昔から、ミニコミみたいなのありましたけど、いまZINEと呼ばれているものの中に、いままでないようなものが出てきていると思うし、流通も含めて届け方が多様化してきていますよね。都築さんが云われる「ど素人の乱」が起こっている。

都築　と同時に、それがどんどん進んで来ると素人の限界も判る。たとえば、本づくりにおいて、アマチュアの人の方が保守的に感じることがあります。

三年くらい前から、「Tokyo Art Book Fair」に出ています。いま人気があるんですね。東京国際ブックフェアのほうはついに中止になったらしいですけど。もう本当に明暗分かれたと思う。で、うちも電子書籍とか出したので、出したいな、でも抽選で落ちたらやだしなと思ってたら、トークしてくれないかって云われて、するけどそのかわりにブースを貸してくださいって（笑）。それで何度か出ているんですが、外国からも含めて数百のブースが出ているのに、電子書籍を出しているのは僕だけでしたよ。あと全部紙もの。あとはTシャツとかグッズ。なんだこれは、と思ったわけ。

アートですよ、一応。コミケだったら、手焼きのDVDとかCDのほうが多いくらいですよ。だってそっちのほうが安いんだもん。印刷するより明らかに。クオリティもいいし。だから自分がつくっているものをなるべくいい形で安く伝えたいと思ったら、ある時代はガリ版、ある時代はコピーとホチキス止めだった。でもいまはぜったいデジタルなわけですよ。千ページのフルカラーだって、百円のDVDに入っちゃうわけですからね。でも、アートブックフェアでそれをやる人はいないわけです。これはなんなんだろう、と思った。最初の年にやったトークでそれを力説して、去年出してみたらまたもや僕一人で、何の影響力もないっていうことがよく判りましたけど(笑)。

南陀楼　固定観念があるんですかね。アートブックはこうあるべきだ、みたいな。

都築　要するにフェティッシュなんですよ。結局、中身じゃなくて。何を伝えるかじゃなくて、こういうものが欲しい。ジャーナリズムじゃなくて、アート活動じゃなくて、本というものに対するフェティシズムみたいなものが、アートとかいうことになるとすごくあるんだなと思いました。だから、ちょっと失望した。

自分の周りを見直す

南陀楼　都築さんは、地方の、都会でもない、田舎でもないようなロードサイドを歩いて、そこで出会った風景や人を紹介されていますね。コレクターの世界なんかだと、じつは地方のほうが豊かだということはありますね。余裕のあるお金持ちがいて、コレクションにお金を投入できる。だから地方のコレクターって医者か先生が多いんですよね。

これも昔の資料なんですけど、『蒐集家名簿』というのがあって、ジャンルごとに、この人は何を集めているかを載せています。名刺広告みたいなものですよね。これを見て連絡をとりあって、自分とおなじジャンルの人とか、自分はこういうのを持っているけどいらないかっていうのを連絡しあって、その人たち同士でまた新しい雑誌をつくるみたいな。いまは完全にネットに移行しているものがここにあって、面白いなと思います。

都築　m・i・x・iのコミュみたいなもんですよね。たとえば本の蒐集にしても、本当にすごいレベルになると、別に神保町まわってどうこうじゃないじゃないですか、もう。

まずは売り立てのカタログが来た時点で勝負がついたりとか、ネットの世界ですすべてが片付くものじゃないですか。そうすると、東京にいる優位性なんてないですよね、もう。レコードだって、ｅｂａｙとかヤフオクとかのほうが大事だったりするから、昔みたいに東京に一番情報が集まるってことはないですよね。そしたら家賃が安いほうがいいですよね（笑）。有利だもんね。いま、地方でも一人出版社が増えてるじゃないですか。しかも立派な写真集をつくったりしています。

南陀楼　最近、写真集専門じゃない出版社から面白い写真集が出ることが多くないですか？

都築　そうですね。普通の出版社が写真集ってあまり出さなくなってるでしょ。読者のニーズはあったり、出したいという人はたくさんいるのに、それに既成の出版業界が対応していない。だから、やむにやまれぬ形で、そういう出版社が出て来たんじゃないでしょうか。

それに昔だったら、本をつくっても、トーハンや日販に行っても門前払いだったったのが、ネットなどで直接流通できるようになった。そういう環境が整備されてきたのと同時に、既成の出版社が落ちていったということがあったのだと思います。

南陀楼　都築さんもよく書かれていますけど、出版の世界がダメになったんじゃなくて、出版業界がダメになったんだということですよね。

都築　写真集って千部ぐらいですかね。それは日本の出版業界では最小かもしれないけど、世界的には普通ですよ。日本の出版業界って不景気って云われるけど、世界で一番ぬるま湯ですよ。だってヨーロッパの出版社なんかもっと少ないとおもうよ。だけど普通にやっている……とは云わないけど、一応続いているじゃないですか。だから日本の出版業界の仕組みがどこかおかしいんですよ。千冊本をつくって立ち行けないっていうのは何かがおかしい。社屋代に金がかかっているのか、接待費に金がかかっているのか、つくる人以外の給料にお金がかかっているのかわからないですけど、何か構造的な問題があると思う。

たとえばいま、台湾ではすごくいい写真集が出ていますよね。規模は全然小さいですよ。でも印刷とか製本とか、あっちのほうがいいでしょ。だからそれは、日本のマーケットのせいじゃないよね、と思う。業界の何かが変なんだという気がしてならないですよね。

南陀楼　そういう構造も原因になっている出版不況を、活字離れとか、読書離れみたいな云い方にするから……。

都築　こちらはカチンとくるわけですよ。

南陀楼　図書館とかブックオフとか、仮想敵をわざとつくっている感じがしますよね。

都築　そういうことを考えると、可能性はいっぱいあるはずなのになってすごく思う。若い子たちの部屋に本がないっていうけど、スマホのなかには文字がいっぱいつまっているわけですよ。こんなに活字に親しんでいる世代はこれまでなかったと思うんです。文章をよく書く世代もなかったと思うし、写真をよく撮る世代も。だから活字離れしているのはむしろ大人のほうですよね。それを見かけだけで判断してほしくないと思う。

南陀楼　ロードサイドを回られているのも、めちゃめちゃレアなものじゃなくて、行こうと思えば行けるんだけど、目に入っていないというか。普段見ていても見過ごされているものがじつは面白いんだっていう発見ですよね。

都築　たとえば、テレビのドキュメンタリーでアマゾン行ったりするのも大変ですよ。お金もかかるし。そこでは、遠くまで行く、なるべく行けないところへ行くっていうのが評価軸のひとつになっていますよね。でも同じくらい面白いことは千葉県にもあるかもしれないわけです。

自分の近くにもいいところがあるということをやってきたのは、劣等感をもってほしくないからです。たとえば、京都の人はプライドあるかもしれないけど、隣の三重の人は劣等感を持っているとか。でも面白いものはこっちにもある、自分の近くにもあると思えば、自分のとこは何にもないんだって人前で云うことが減るじゃないですか。そういうことですよね。

南陀楼　そうですよね。そういう面白いものや人が自分の身の周りにあると思うと、ちょっと自由になれる気がします。

都築　『珍日本紀行』を連載していたときは、人に会うたびにどこの出身か尋ねていました。君のところは？　って。「いや別にただの田舎なんで」「え、どこよ」「熊本の荒尾っていうところなんですけど」「荒尾ってウルトラマンランドあるよね」って云うと、「え！　よく知ってますね！」って話になって。なんでそういうことを云わないのって聞くと、「別に恥じてるわけじゃないけど、どうせ云っても通じないから云わなくなっちゃってるだけです」と。

そういう風潮がなくなれば、パリやニューヨークもいいけど、うちにはウルトラマンランドがあるよって云える。だから自分の周りを見直せるっていうことは、狭い自分の部屋がそれなりに楽しければいいっていうのと同じように、いいんじゃないかってこと。僕の仕事は、そういうスタンスを形を変えて続けているってことですね。

南陀楼　そうか。『ＴＯＫＹＯ　ＳＴＹＬＥ』（京都書院）で部屋の写真を撮っていた時と、外に出て人と会うのは同じってことですね。

都築　場所が東京から日本に、部屋から外に出たっていうだけのことです。だから僕がつくってきた本というのは、同じことをやっているだけなんです。でも、テーマによって本屋のなかで置かれる場所が変わるんですよね。僕がそういう同じことをやってるっていうか、できてるのは、それだけ、いまだに世の中に浸透していないからですね（笑）。そういう目で自分の周りを見る人が少ないからです。

異常なスパイラル

南陀楼　都築さんは出版社や雑誌の連載が決まっていない段階で、出かけて取材されているんですよね。メルマガでやっている取材も、面白いと思ったら自分ですぐ行っちゃうんですか？

都築　もちろん、そうです。雑誌だったらまず、編集者の説得からはじまるでしょ。それがどんどん難しくなって、自分でメルマガをはじめたんです。だけど、創刊した時の野望としては、死ぬほど記事はあるので、いろんな出版社からどんどんメールや電話がきて、これを本にしましょうみたいなオファーがいっぱいくると思ったら、いまだに全然来ない（笑）。『捨てられないTシャツ』とか、まだ二、三冊しかできてないですから。もう記事は千何百あるのに。なんなんだろう、っていう。これほど受けてないのか、っていう感じですよね。

南陀楼　やっぱり熱量に圧倒される面はありますね。僕も購読していますが、腰を据えないとなかなか読み切れない。最近、水道橋博士のメルマガも読んでるので、両方だとすごい分量です（笑）。

都築　客観的に見て、編集者だったらうちにメルマガから何冊でも本ができると思うんだよね。僕の記事だけじゃなくて、ほかの人の記事でも。でもなかなかできないのは悔しいなって気はします。

南陀楼　でも、休むことなく続けて毎週出されていますよね。

都築　それはもちろん。自分でつくる記事以外に、定例や単発で寄稿してくれるひとも増えてきてるし。みんな、書きたいことはたくさんあるのに、書かせてもらえるところがないんですよ。だから原稿料安くて申し訳ないですけど、よかったらウチでやってくださいって云う。もう三カ月分くらいの原稿が揃ってるんです。みんな楽しんで書いてくれてるんですよ。

いい本になるはずのネタっていっぱい転がってると思いません？　だけど、実際にはなかなかならないじゃないですか。なのに、いまだに出版点数はものすごく多くて、完全につまんない本って死ぬほど出ているじゃないですか。これってなんなんでしょう。よく「いいネタないですか？」とか、「なんか面白いものないですか？」などと訊かれますが、あるでしょ、いっぱい。どこ見てるんでしょうね。普通の人が面白がってネットなどでワーワー云ったりしているものと、出版社がつくって出してきてる本って、全然もうずれてますよね。こんなにずれた時代ってなかったんじゃないかと思うんだよね。そのギャップが、僕は恐ろしいですね。しかも、半分くらい返品されて断裁されているわけでしょ。この恐ろしい無駄遣いの繰り返し。どうなってるんだ。こんなの続くわけないですよね。長い目で見れば。異常なスパイラルに入ってるんじゃないかなっていう気がします。

南陀楼　ほかのメディアとの関係で、本の相対的な価値が下がっているということはあるかもしれないけど、本でしかできないことをやろうとする人もいないというか。

都築　でも、本にしたい人はいっぱいいて、するべき素材もいっぱいあるわけじゃないですか。でもそれが実現されていかないシステムって何なんでしょうね。昔は本をつくることが自分の天職だと思ってたので、そういう現状を真剣に憂えてましたけど、いまはどうでもいい。ネットがあるから。

［四谷・都築響一事務所にて／語りおろし／二〇一八年二月二十一日］

おわりに――〈蒐める人〉失格の弁

本書に収録したインタビューは、書物雑誌『ｓｕｍｕｓ《スムース》』に掲載したものが中心になっている。『ｓｕｍｕｓ』は一九九九年九月、京都で創刊。創刊時の同人は生田誠、岡崎武志、扉野良人、林哲夫、山本善行、吉川登。翌年、荻原魚雷、松本八郎（二〇一四年逝去）が加わる。

私はこのうち、扉野良人さんと九七年に知り合いになり、串間努さんが編者になった『ミニコミ魂』（晶文社）で、ともに執筆者となった。『ｓｕｍｕｓ』創刊の話は扉野さんから聞いた。京都の〈三月書房〉を特集した創刊号は、古本好きでミニコミ好きの私にはたまらない内容で、頼まれないのに手を挙げて、発行直後に鳥取県で開催された「本の学校・大山緑陰シンポジウム」でのミニコミ販売ブースに『ｓｕｍｕｓ』を並べたところ、数時間で二十冊が完売した。

その後、第八号（特集「パリ本の魅力」）の「BOOKSCAPE NAVIGATOR」欄に私のインタビューが掲載されたことを縁に、『ｓｕｍｕｓ』の同人に加わった。あとで聞いた話では、同人への参加を希望する人が多く、断ったこともあるという。実際、私以降に参加した同人はいない。あのとき思い切って、林さんに同人になりたいと伝えてよかった。

同人誌ながら『ｓｕｍｕｓ』は多くの新刊書店、古書店で扱われ、売れ行きも良かった。書店でのフェアやトークイベントなども開催し、同人が集まる機会も多かった。最近見つけた掘り出し物を披露しあい、新しい古本屋の情報を交換した。のちには九人それぞれが著書を刊行している。

本誌以外に、一テーマ一冊の「スムース文庫」も刊行。同人がそれぞれやりたい企画を持ちよった。このかたちだったから、八木福次郎さんのこれだけ長いインタビューをまとめることができた。

この時期の私は、『季刊・本とコンピュータ』（一九九七〜二〇〇五、大日本印刷）の編集者だった。出版社や書店、電子出版の関係者に取材、作家や研究者の座談会やインタビューをまとめ、ソウル、北京、台北に取材に出かけた。

その一方で、『ｓｕｍｕｓ』に原稿を送り（同人の中でつねにラストだったが）、『サンパン』で作家の小沢信男さんの聞き書きを連載し、さまざまなミニコミに関わり、古本屋や即売会に日参し、国会図書館などで調べ物をしたりしていた。いまより、よっぽど勤勉だ。三十五歳の自分に謝りたくなる。

本書に収録した私のインタビューは、「本の海で溺れて」（最初の本のサブタイトル）、浮かれて暮らしていた様子が伺えて、いまとなっては気恥ずかしい。できればカットしたかったが、皓星社の晴山生菜さんが「これも記録ですから」と云うので、恥を忍んで入れることにした。

『本コ』が終わり、どこにも属さないフリーランスになってからは、それまでのような余裕がなくなった。調子に乗って買い続けた結果、家中が本と資料で埋まってしまった。それらを整理する気力もなく、見なかったことにして段ボール箱に押し込めていた。

このテーマについてはもっと資料を集めて書こう。手持ちの資料を読み込んでからこの人について書こう。などと先送りにしているうちに、時間は過ぎ去る。二〇〇五年に「不忍ブックストリートの一箱古本市」をはじめてからは、かえって古本屋や即売から足が遠ざかり、どちらかというと〈ブックイベントの人〉として生きてきた。

気がつけば、もう五十一歳。どこの本好きの集まりでも最年少だった頃が、夢のようだ。〈蒐める人〉にはなれなかったけれど、私なりに彼らのことを記録するという宿題は積み残されている。

八年前のインタビューも収録した『編む人』を出したとき、「もっと古いインタビューがあるじゃないか」と云ってくれる人がいた。久しぶりに引っぱり出して読んでみると、なかなか面白い。会う前にその人の仕事を調べ、話に出てきた資料にもあたるなど、手間をかけている。なにより、ここに登場した〈蒐める人〉は、ここでしか聞けない話をしてくれている。内容は少し古くても、彼らの考え方や姿勢は読者に伝わるはずだと、一冊にまとめることにした。

世間的には地味な人選のインタビュー集を出すことを決断してくれた晴山さんと、新規取材に同行して素敵なイラストを描いてくれた金井真紀さんに感謝します。小沼宏之さんが、『編む人』と対になるように装丁してくれたのも嬉しい。

『ｓｕｍｕｓ』で何を提案しても、自由にやらせてくれた林哲夫さんと、同人の皆さん、インタビューに同行してくれた方にも感謝。同行者の発言も含め、文責は私にあります。

そして、もちろん、貴重で素敵な話を聞かせてくれた八人の〈蒐める人〉たちへ。ありがとうございました。

二〇一八年六月二十三日

南陀楼綾繁

南陀楼綾繁［なんだろう・あやしげ］

1967年、島根県出雲市生まれ。ライター・編集者。早稲田大学第一文学部卒業。明治大学大学院修士課程修了。出版、古本、ミニコミ、図書館など、本に関することならなんでも追いかける。2005年から谷中・根津・千駄木で活動している「不忍ブックストリート」の代表。各地で開催される多くのブックイベントにも関わる。「一箱本送り隊」呼びかけ人として、石巻市で本のコミュニティ・スペース「石巻まちの本棚」の運営にも携わる。本と町と人をつなぐ雑誌『ヒトハコ』（書肆ヒトハコ）編集発行人。著書に『ナンダロウアヤシゲな日々』（無明舎出版）、『一箱古本市の歩きかた』（光文社新書）、『町を歩いて本のなかへ』（原書房）、『編む人』（ビレッジプレス）、『本好き女子のお悩み相談室』（ちくま文庫）などがある。

蒐《あつ》める人――情熱と執着のゆくえ

2018年8月20日　初版第1刷発行

著者　南陀楼綾繁

発行所　株式会社皓星社

発行者　晴山生菜
〒101-0051　東京都千代田区神田神保町3-10-601
電話 03-6272-9330　FAX 03-6272-9921
e-mail info@libro-koseisha.co.jp
ホームページ http://www.libro-koseisha.co.jp/

組版　米村緑（アジュール）

印刷・製本　精文堂印刷株式会社

乱丁・落丁本はお取替えいたします。

ISBN 978-4-7744-0658-9